Henriette Katharina Foldenauer

Filzen in der Waschmaschine

Die neue einfache & schnelle Creativtechnik

OZ creativ

Henriette Katharina Foldenauer *ist Diplom-Designerin und Illustratorin. Ihre Ideen sind bereits in vielen Publikationen von OZ creativ erschienen. In diesem Buch präsentiert sie wieder einmal ihre Vorliebe für's Filzen*

VORWORT

Liebe Leserinnen, liebe Leser,

meine erste Berührung mit Filz war, als meine Tochter vom Kindergarten nach Hause kam und mir ein kleines, flauschiges Etwas unter die Nase hielt. Es war ein wunderschöner, bunter, selbst gefilzter Ball. Ich war begeistert und fasziniert! Das Material: weich und warm! Der Duft: etwas nach Schaf und Schmierseife. Und diese Faszination ist bis heute geblieben. Mit diesem Buch möchte ich die Ihre wecken. Und Ihre Lust aufs Ausprobieren.

Das Wunderbare am Filzen ist: Es gelingt immer! Vielleicht etwas anders, größer, kleiner, runder, länger? Egal - Wolle ist ein lebendiges Material und filzen heißt auch experimentieren. Besonders trifft das auf mein neues Lieblingsprojekt „Filzen in der Waschmaschine" zu. Hier braucht es Lust und etwas Mut zum Ausprobieren. Das Naturmaterial Wolle, kombiniert mit der ganz individuellen Arbeitsweise Ihrer Waschmaschine – das wird spannend! Wo die Muße zum Weiterfilzen fehlt oder schon neue Ideen im Kopf schwirren, kommt ein zuverlässiger Helfer zum Einsatz. Dabei sind der eigenen Fantasie keine Grenzen gesetzt. So – jetzt flink Wasser gewärmt, Seife gerührt und die Wolle geholt...

Herzlichen Dank sage ich den Firmen Marabu, Rayher Hobby, Opitec, KnorrPrandell, VBS und UHU für die freundliche Unterstützung.

Viel Spaß und gutes Gelingen!

Henriette Katharina Foldenauer

INHALT

◆ = für Anfänger ◆◆ = Vorkenntnisse erforderlich ◆◆◆ = für Fortgeschrittene

Grundwissen Filzen

Die Wolle

Unsere Filzwolle stammt vom Schaf. Wird es geschoren, bekommen wir sein kuschelig weiches Fell. Nach der Schur ist das Fell noch sehr schmutzig. Deswegen wird es vor dem weiteren Gebrauch erst einmal gründlich gewaschen, um Gras und Lehmklumpen zu entfernen. Die Flocken der gewaschenen, ungekämmten Rohwolle hängen teilweise noch ganz dicht zusammen. Um feine, flauschige und filzfähige Wolle zu erhalten, muss sie gekämmt werden. Dies kann mit einer Handkarde geschehen. Bei großen Mengen, wie sie in Spinnereien oder Wollfabriken hergestellt werden, kommt eine Kardier- oder Krempelmaschine zum Einsatz. Dabei entstehen unterschiedliche Qualitäten. In diesem Buch verwendete und zum Filzen geeignete Wollqualitäten sind:

Vlieswolle (A1): Die Wollflocken werden in der Krempelmaschine gelöst, neu geordnet, nochmals gereinigt und in lockere Wolllagen gekämmt. Das fertige Vlies ist ziemlich gleichmäßig und besteht aus mehreren Lagen. Manchmal sind noch ein paar Strohstückchen oder Wollverdichtungen in der Vlieswolle zu finden.

Kammzug (A2): Er entsteht, wenn man Vlieswolle weiterverarbeitet. Dünne Lagen werden zu Bändern zusammengefasst, alle restlichen Unreinheiten und kurze Fasern herausgekämmt. Das Ergebnis ist ein glatter, langfaseriger, feiner Kammzug.

TIPP
Wolle von Merinoschafen hat ideale Filzeigenschaften. Aus ökologischen Gründen ist es sinnvoll, Wolle regionaler Tiere zu wählen. So genannte Märchenwolle ist oft reine Bastelwolle, die schlecht filzt. Hier also bitte genau nachfragen.

Zupfen, legen, wiegen

Kammzug zupfen (B1): Das Zupfen geschieht immer mit trockenen Händen, um ein Verkleben der feinen Wollfasern zu vermeiden. Die Strangwolle des Kammzuges etwas auseinander fächern. Dann die

Wolle mit beiden Händen greifen und locker halten. Der Abstand der Hände zueinander beträgt 15 bis 20 cm, der Wollstrang liegt zwischen Handballen und Fingerkuppen. Jetzt die Wolle sanft auseinander ziehen. Die richtige Zupfposition ist erreicht, wenn sich die Wollfasern leicht trennen. Sollte Kraftaufwand notwendig sein, loslassen und noch einmal starten. Eventuell den Abstand zwischen den Händen vergrößern. Mit etwas Übung können schon bald feine Flocken direkt auf die Filzunterlage gezupft werden.

Vlieswolle zupfen (B2): Um ein Verkleben der feinen Wollfasern zu vermeiden, geschieht das Zupfen immer mit trockenen Händen. Die Vlieswolle mit beiden Händen greifen und etwas auseinander zupfen. Beim Vlies können sowohl die einzelnen Lagen als auch die einzelnen Fasern erspürt und getrennt werden. Auch die Laufrichtung des Vlieses lässt sich gut wahrnehmen. Die Wolle stets in Längsrichtung teilen und kleine Wollflocken abzupfen. Vlieswolle lässt sich gut vorzupfen – im Gegensatz zum Kammzug, der in der Regel direkt an entsprechender Stelle aufgelegt wird.

Vlieswolle legen (C1): Die gezupfte Wolle in gleichmäßige Reihen auslegen, dabei leicht überlappend arbeiten. Die erste Lage parallel legen, die nächste Lage über Kreuz, also im 90°-Winkel zur ersten Lage, anordnen. Die dritte Lage wie die erste legen, die nächste Lage wiederum über Kreuz auflegen. So wird das Verfilzen der Wollfasern bestens unterstützt. Das kreuzweise Legen gilt für alle Filzverfahren. In der Regel wird beim Filzen mit mindestens vier kreuzweise gelegten Lagen gearbeitet.

Kammzug legen (C2): Der Kammzug wird wie Vlieswolle ausgelegt.

Wolle wiegen (D): Es vereinfacht die Legearbeit, die Wolle zu wiegen. Auch gelingt es so leichter, eine gleichmäßige Fläche zu arbeiten und die Ergebnisse werden wiederholbar. Beim freien Legen Notizen für das nächste Mal machen. Zum Wiegen die Wolle in Portionen für die einzelnen Filzlagen und Farben unterteilen. Wer schon Sicherheit beim Auslegen von Filzflächen hat, kann nach Gefühl arbeiten.

Die Grundausstattung

- Messbecher, Schneebesen, Esslöffel
- Schmierseife, Essig
- Metalleimer bzw. Emailleschüssel
- Tauchsieder oder Wasserkocher
- Thermometer, Waage bzw. Briefwaage
- Automatten aus Gummi
- Luftpolsterfolie (= Noppenfolie)
- mehrere Handtücher und Wischtücher
- Wäschesprenger bzw. Gießkanne mit Brause
- Abdeckfolie, evtl. Wachstuch
- verschiedenfarbige Wolle
- Papier, evtl. Transparentpapier, scharfe Schere, Fineliner, Maßband
- Waschmaschine, Bügeleisen
- Seidenstrümpfe, Waschesäckchen
- Kettband oder dünne Schnur
- Einwegrasierer

Bei den meisten Arbeitsmaterialien (E1, E2) handelt es sich praktischerweise um Dinge des täglichen Gebrauchs, die in jedem Haushalt vorhanden sind.

Der Arbeitsplatz

Die Anordnung auf dem Arbeitsplatz (F) ist einfach: Die Gummimatte auf einen Tisch legen und darauf die Luftpolsterfolie platzieren. Die Arbeitsfläche rundum mit eingerollten Handtüchern gegen überfließendes Wasser sichern. Bei empfindlichen Tischen oder Bodenbelägen mit Abdeckfolie arbeiten. Mit trockenen Händen die Wolle bereitstellen, nach Bedarf zupfen (siehe Seite 6/7).

Die Schmierseifenlösung nach folgendem Grundrezept zubereiten:

Das Grundrezept

- **1 EL Schmierseife**
- **1 l Wasser**

Das Wasser auf etwa 60° C erwärmen. Mit dem Schneebesen einen Esslöffel Schmierseife darin auflösen (G). Beim Filzen mit Kindern die Schmierseifenlösung vor der weiteren Verarbeitung auf 40–45° C abkühlen lassen.

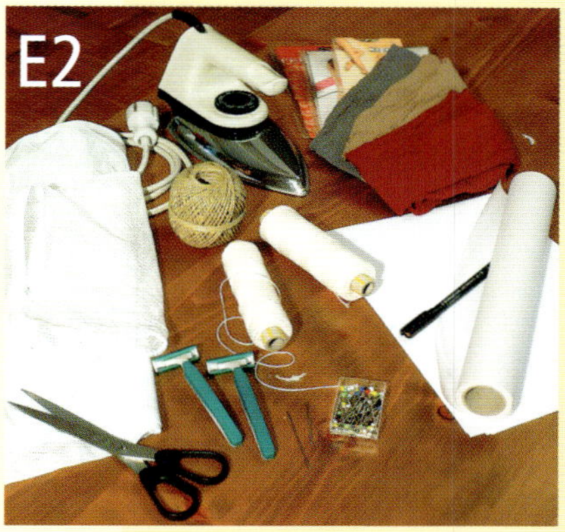

Schnur filzen

Die Schnur

1. Auslegen: Den Arbeitsplatz vorbereiten und die Schmierseifenlösung herstellen. Den Wäschesprenger mit der Schmierseifenlauge befüllen. Mit trockenen Händen den ausgewählten Kammzug auf die gewünschte Länge bringen und etwa mittig auf der Folie positionieren. Die Wolle liegt dabei auf der Noppenseite. Den Kammzug nun trocken vorrollen.

2. Rollen und Anfilzen: Den Kammzug mit Seifenlauge aus dem Wäschesprenger befeuchten. Nun den feuchten bis nassen Wollstrang mit beiden Händen behutsam und sanft hin- und herrollen. Es ist noch kein Druck vorhanden. Die äußeren Wollfasern verbinden sich langsam. Weitere, warme Lauge aufbringen und geduldig weiterrollen. Nach und nach den Druck erhöhen. Bei weiterem Verdichten kann auf die Gummimatte gewechselt werden. Wenn alles griffig ist, darf die so angefilzte Schnur in die Waschmaschine.

3. Weiterfilzen: Die angefilzte Schnur locker in die Maschinentrommel legen. Es wird weder Waschmittel noch Schmierseife zugegeben, sondern nur mit reinem Wasser zu Ende gefilzt! Gute Erfahrungen wurden bei 40° C mit dem Waschprogramm Pflegeleicht mit Vorwäsche erzielt. Nach etwa 20 Minuten sind die Schnüre in der Regel gefilzt. Wer seine Schnüre gerne noch fester oder härter möchte, erhöht einfach stufenweise die Temperatur oder die Filzdauer in der Waschmaschine. Natürlich können diese Angaben nur Richtwerte sein. Die Ergebnisse werden in Abhängigkeit von Wollqualität, Zeit und Temperatur immer unterschiedlicher Natur sein. Deshalb lohnt es sich, Wolle (eventuell eine Wollflocke als Muster aufkleben), Zeit, Temperatur und Ergebnis zu notieren.

4. Fertig filzen: Nach etwa 20 Minuten sind die Schnüre fertig. Unter Einwirkung von Feuchtigkeit, Wärme und Reibung haben sich die einzelnen Wollfasern zu einem festen Filz verbunden. Dabei schrumpft die Wolle um bis zu 40 %, je nach Feuchtigkeit, Wärme, Art, Heftigkeit und Dauer der Bewegung.

5. In Form bringen: Zum Schluss die Schnüre gründlich mit klarem Wasser ausspülen. Ein Schuss Essig im letzten Spülbad beseitigt Seifenreste. Die Schnüre können problemlos geschleudert werden. Ganz nach Geschmack die Schnüre nochmals glatt rollen. Abschließend in die gewünschte Form bringen und so trocknen lassen.

TIPPS

Am besten direkt mehrere Schnüre anfilzen und gemeinsam in die Waschmaschine geben, damit sich das Anstellen der Maschine auch richtig lohnt.

Ganz wunderbar eignet sich die Waschmaschine, um sehr einfach schöne, bunte Perlen herzustellen. Als Ausgangsmaterial dienen gefilzte Schnüre.

Mit dem Thermometer gelegentlich die Temperatur prüfen: Die ideale Filztemperatur liegt bei 40–45° C. Diese ist meist auch für Kinderhände angenehm. Für Erwachsene darf es auch heißer sein. Wer empfindlich ist, verwendet dünne Haushaltshandschuhe. Das Arbeiten mit einer Emailleschüssel erlaubt das direkte Erwärmen der Lauge ohne umfüllen.

Was tun, wenn...?

Die Wolle löst sich stark an der Oberseite der Filzfläche oder des Filzballes beim Filzen in der Maschine. Die Oberfläche wurde nicht ausreichend angefilzt: Nächstes Mal länger und stabiler filzen. Oder die Wolle hat schlechte Filzeigenschaften. Auch hier stabiler filzen oder Wolle nicht weiter verwenden.

Das Filzstück hat dünne oder unebene Stellen. Die Wolle wurde nicht gleichmäßig genug ausgelegt. Im Folgenden noch gleichmäßiger zupfen und auslegen. Langsam arbeiten und lieber etwas mehr Wolle verwenden, als angegeben!
Am besten während des Filzens, am besten nach dem Nässen jeder Lage, mit der flachen Hand die Filzfläche abtasten. Dünne Stellen mit über Kreuz gelegten Wollflocken auffüllen, sanft anfilzen.

Beim Arbeiten mit Schablone ist am Rand eine Wulst entstanden. Wülste entstehen, wenn beim Legen der Schablonenränder (also sowohl beim Quer- als auch beim Längslegen) mit doppeltem Überstand gearbeitet wird. Deshalb den Überstand nie doppelt legen. Es kann auch sein, dass der Schablonenrand nicht sauber gefilzt wurde. Es ist angeraten, konsequent zur Mitte hin zu filzen und dabei ein Verschieben der Schablone sowie ein Vergrößern des Filzstückes zu vermeiden.

Es kommt überraschend Besuch – die Arbeit soll unterbrochen werden. Eine Filzarbeit kann in der Regel jederzeit unterbrochen werden. Mit einem Tuch möglichst viel der Nässe aufsaugen und alles mit einem Stück Folie abdecken. Am nächsten Tag weiter arbeiten. Längere Zeit sollte die Wolle allerdings nicht in der Seifenlauge verbringen, da dies die Wollfasern angreift. In diesem Fall filzen, bis sich das Filzstück problemlos ausspülen lässt. Sanft und gründlich spülen und anschließend unvollendet trocknen lassen.

Die Schnurperlen

1. Zuschneiden: Zunächst Schnüre wie beschrieben herstellen und in der Waschmaschine etwa 20 Minuten filzen, dabei nicht zu hart werden lassen. Ansonsten lassen sich die Perlen später nur mit viel Kraft aufziehen. Damit es nicht zu sehr tropft, die Schnüre erst nach dem Schleudern schön glatt rollen. Danach mit einer scharfen Schere mit glattem Schnitt jede Schnur für die Perlen in unterschiedlich lange Stücke schneiden.

2. Löcher einarbeiten: Diese Rohperlen nun mit Hilfe einer dicken Nadel (Stopfnadel mit großem Öhr) auf Kettgarn oder eine ähnliche Schnur aufziehen. Das Kettgarn dabei möglichst doppelt nehmen. Beim nächsten Waschgang filzen so die späteren Löcher zum Auffädeln ein.

3. Fertigstellen: Die aufgezogenen Perlen in ein Wäschenetz geben und den nächsten Waschdurchgang starten. Dabei werden die Kanten schön abgerundet. Dies kann je nach gewünschtem Ergebnis und Filzverhalten der verwendeten Wolle zwischen 20 Minuten und einer Stunde dauern. Die Schnurperlen aus der Maschine nehmen, abschließend rollen und formen und auf der Schnur trocknen lassen.

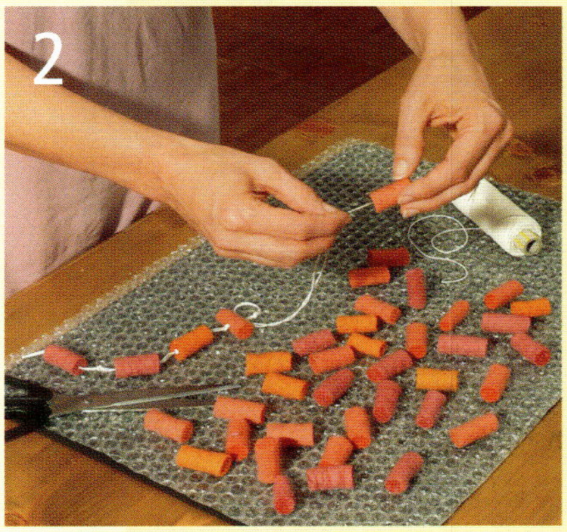

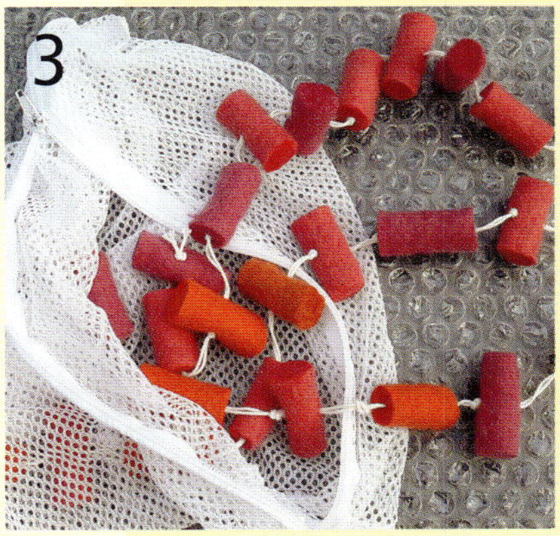

Ball filzen

Ein Ball

1. Vorbereiten: Für einen Ball mit ca. 7 cm Durchmesser werden ca. 10 g Vlieswolle in Natur und etwa 10 g Vlieswolle in den gewünschten Farben benötigt. Den Arbeitsplatz wie auf Seite 7 beschrieben vorbereiten und die Schmierseifenlösung herstellen. Hierfür eventuell heißes Wasser aus der Leitung verwenden. Die Schmierseifenlösung in eine Emailleschüssel füllen. Mit trockenen Händen die Wolle vorbereiten (siehe Grundkurs „Zupfen" auf Seite 6/7).

2. Der Kern: Um einen Ball gut formen zu können, zuerst einen Kern herstellen. Dazu eine Wollflocke längs rollen, in der Mitte einen Knoten schlagen und die losen Enden um den festen Kern wickeln. Diesen kleinen Ball in die warme Seifenlauge tauchen.

3. Ball aufbauen: Nun Wollflocke für Wollflocke kreuzweise, wie im Grundkurs auf Seite 7 beschrieben, rundherum auflegen. Dabei den Ball immer drehen und nach jeder neuen Flocke in die handwarme Lauge tauchen. Die nasse Flocke sanft glatt streichen. So lange fortfahren, bis die helle Vlieswolle für den Innenteil verbraucht ist.

4. Farbe geben: Jetzt bekommt der Ball Farbe! Dazu die bunten Wollflocken wieder einzeln und kreuzweise aufbringen. Jede Flocke jeweils mit einer Hand voll Lauge beträufeln und glatt streichen. In dieser Phase den Ball besser nicht mehr tauchen, weil sich das gelegte Muster sonst verformen könnte. Fortfahren, bis alle Wollflocken verbraucht sind oder die Farbkombination gefällt.

5. Weiterfilzen: Den nassen, rohen Ball in die Hände nehmen und ganz sanft drücken. Dabei kreist der Ball sehr langsam. Wichtig: Langsam und behutsam arbeiten! Zwischendurch den Ball immer wieder mit Lauge besprengen. Den Ball stets im Wechsel sanft drücken, sanft streichen und in Form halten. Nach einiger Zeit ist spürbar, wie sich die obersten Wollflocken verbinden. Es reift die Form. Ist dieses Stadium erreicht, mit einem leichten In-den-Händen-Rollen beginnen. Das ist etwa wie „Klöße machen". Schön kontinuierlich rollen (oder auch „knödeln"), mit Lauge

benässen, immer abwechselnd. Je fester und stabiler der Filz wird, umso kräftiger darf gerollt werden. Bekommt der Ball mehr Struktur, kann auf der Noppenfolie gerollt werden. Danach ist der Ball reif für die Waschmaschine.

6. Filzen in der Waschmaschine: Mehrere Bälle in dieser Weise anfilzen, damit das Anstellen der Waschmaschine lohnt. Die angefilzten Bälle werden jetzt nacheinander in einen Seidenstrumpf gesteckt. Nach jedem Ball wird der Strumpf mit Kettgarn abgebunden, dann kommt der nächste Ball. In dieser Weise alle Bälle in den Strumpf geben. Die so verpackten Bälle in die Maschinentrommel geben. Es wird weder Waschmittel noch Schmierseife verwendet, sondern nur mit reinem Wasser zu Ende gefilzt! Gute Erfahrungen wurden bei 40° C, Waschgang Pflegeleicht mit Vorwäsche, gemacht. Die Bälle sind nach etwa 40 Minuten ganz gut gefilzt. Wer seine Bälle gerne noch fester oder härter möchte, erhöht einfach stufenweise die Temperatur oder die Filzdauer. Natürlich können diese Angaben nur Richtwerte sein. Die Ergebnisse werden in Abhängigkeit von Wollqualität, Zeit und Temperatur immer unterschiedlicher Natur sein. Deshalb lohnt es sich, Wolle (eventuell eine Wollflocke als Muster aufkleben), Zeit, Temperatur und Ergebnis zu notieren.

7. Fertigstellen: Unter Einwirkung von Feuchtigkeit, Wärme und Reibung haben sich die einzelnen Wollfasern zu einem festen Filz verbunden. Dabei schrumpft die Wolle um bis zu 40 %, je nach Feuchtigkeit, Wärme, Art, Heftigkeit und Dauer der Bewegung. Die Bälle aus dem Strumpf nehmen, in Essigwasser spülen und schleudern. Abschließend jeden Ball kurz in Form rollen und trocknen lassen.

TIPP
Sollten sich die Bälle an der Innenseite des Seidenstrumpfs anfilzen, diese mit sanfter Kraft entfernen und den Ball nochmals rollen. Eventuell haben sich durch häufige Benutzung schon einige Filzfasern in das Strumpfgewebe fest eingefilzt. Dann ist es an der Zeit, beim nächsten Filzen einen neuen Strumpf zu verwenden.

Runde Perlen

Für Perlen viele kleine Bälle wie beschrieben herstellen und diesmal in einem Wäschenetz etwa 20 Minuten in der Waschmaschine filzen. Sie sollten nicht zu hart sein! Ansonsten lassen sich die Perlen später nur mit viel Kraft aufziehen. Damit es nicht so tropft, die Perlen erst nach dem Schleudern schön glatt rollen.

1. Löcher einfilzen: Die Perlen mit Hilfe einer dicken Nadel (Stopfnadel mit großem Öhr) auf Kettgarn oder eine ähnliche Schnur aufziehen. Das Kettgarn dabei möglichst doppelt nehmen. Beim nächsten Waschgang filzen so die späteren Löcher zum Auffädeln ein.

2. Trocknen: Die aufgezogenen Perlen in ein Wäschenetz geben und den nächsten Waschdurchgang starten. Ganz nach gewünschtem Ergebnis und Filzverhalten der verwendeten Wolle zwischen 20 Minuten und einer Stunde filzen. Die Schnurperlen aus der Maschine nehmen, abschließend rollen und auf der Schnur trocknen lassen.

TIPP
Beim Filzen in der Waschmaschine wird gundsätzlich kein Waschpulver verwendet. Aus diesem Grund dürfen die Filzstücke nicht mit der Wäsche in die Maschine. Damit das Anstellen der Maschine lohnt, am besten immer gleich mehrere Filzstücke vorbereiten und gemeinsam in die Waschmaschine geben.

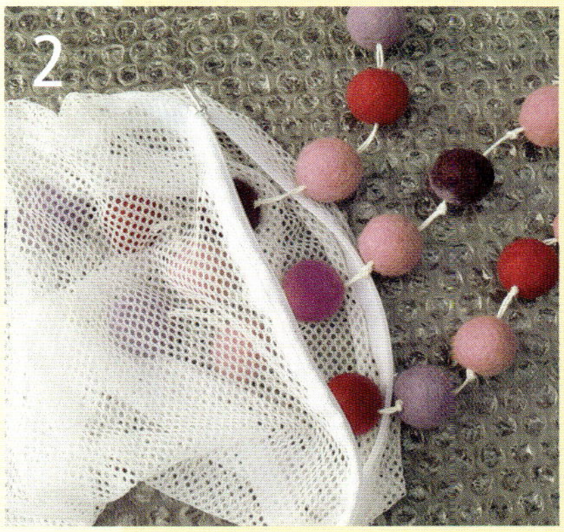

Fläche filzen

Ein Rechteck

1. Die Filzprobe: Da die Qualität der Wolle wie bei allen Naturprodukten immer etwas unterschiedlich ausfällt, ist es oft dienlich, ein Probestück zu filzen. Der Schrumpfungsfaktor gibt die Verkleinerung der ausgelegten Wolle zum fertigen Filzstück an. Dazu die Originalwolle in vier Lagen mit einer Größe von 15 x 15 cm auslegen, anfilzen und in der Waschmaschine fertig filzen. Das Verhältnis der Kantenlänge von ausgelegter Originalwolle zu Probestück ergibt den Schrumpfungsfaktor (z. B. 15 : 11 = 1,36). Soll das fertige Filzstück also eine Kantenlänge von 11 cm haben, wird mit 1,36 multipliziert, um die Größe der auszulegenden Fläche zu errechnen (11 x 1,36 = 14,96).

2. Wolle legen: Für eine 20 x 30 cm große Fläche werden etwa 22 g Vlieswolle und etwa 22 g Kammzug benötigt. Den Arbeitsplatz wie auf Seite 7 beschrieben vorbereiten und die Seifenlauge in eine Gießkanne oder den Sprenger füllen. Mit trockenen Händen die Wolle zupfen und mit dem Legen beginnen. Wie im Grundkurs auf Seite 7 beschrieben, zwei Lagen Vlieswolle auslegen. Die Wolle bereits nach der zweiten Lage mit heißer Lauge besprengen. Nun das Vlies mit Noppenfolie bedecken, die Fasern andrücken und die Folie wieder abnehmen. Für die dritte Lage den Kammzug längs, für die vierte Lage quer dazu aufbringen. Alles mit Lauge begießen und die Fasern mit der Noppenfolie andrücken. Für eine Filzfläche immer mit mindestens vier Wolllagen arbeiten.

3. Anfilzen: Etwas Lauge auf die Folie geben und mit einem sanften Bewegen der Hände beginnen. Die äußeren Wollfasern verbinden sich langsam. Die Wolle mit heißer Lauge begießen. Die Bewegung geht in ein Kreisen über. Generell zur Mitte hin arbeiten. Nach und nach den Druck erhöhen, bis sich alles spürbar verfestigt hat, dabei immer wieder heiße Lauge aufbringen. Das Wollstück zwischen zwei Folienstücken vorsichtig wenden und die Rückseite ebenso arbeiten. Erkaltete Lauge zwischendurch immer wieder mit einem Tuch aufsaugen.

4. Verfestigen: Nach weiterem Verfestigen der Fasern ohne Folie weiterfilzen. Vorder- und Rückseite arbeiten, bis alles einen stabilen Eindruck macht. Jetzt ist das Filzstück für die Waschmaschine bereit.

5. In der Waschmaschine: Die angefilzte Fläche locker in die Maschinentrommel legen. Es wird weder Waschmittel noch Schmierseife benötigt, sondern nur mit reinem Wasser zu Ende gefilzt! Gute Erfahrungen wurden bei 40° C mit dem Waschprogramm Pflegeleicht mit Vorwäsche erzielt. Die Filzstücke sind nach etwa 20 Minuten in der Regel gefilzt. Wer seine Fläche gerne noch fester oder härter möchte, erhöht einfach stufenweise Temperatur oder Filzdauer in der Waschmaschine. Natürlich können diese Angaben nur Richtwerte sein. Die Ergebnisse werden in Abhängigkeit von Wollqualität, Zeit und Temperatur immer unterschiedlicher Natur sein. Deshalb lohnt es, vor Beginn größerer Filzarbeiten ein Probestück (siehe Schritt 1) anzufertigen. Auch empfiehlt es sich, Wolle (eventuell eine Wollflocke als Muster aufkleben), Zeit, Temperatur und Ergebnis zu notieren.

6. In Form bringen: Unter Einwirkung von Feuchtigkeit, Wärme und Reibung haben sich die einzelnen Wollfasern zu einem festen Filz verbunden. Dabei schrumpft die Wolle um bis zu 40 %, je nach Feuchtigkeit, Wärme, Art, Heftigkeit und Dauer der Bewegung. Ein Schuss Essig im letzten Spülbad beseitigt Seifenreste. Die Filzfläche kann je nach Wollsorte im Schonschleudergang geschleudert werden. Abschließend das Filzstück in Form ziehen und die Fläche eventuell noch feucht mit dem Bügeleisen glätten.

7. Oberfläche glätten: Je nach Wollqualität und je nachdem, wie gut das Filzstück angefilzt wurde, ist die Fläche (ähnlich wie nach dem Filzen von Hand auf einem Reibebrett) an der Oberfläche stark angeraut. In diesem Fall wird nach dem Bügeln und Trocknen einfach alles überschüssige Material mit der Schere oder mit einem Einwegrasierer entfernt. Abschliessend den Filz erneut bügeln.

TIPP
Fertiger Filz? In der Regel gilt: Wenn sich die Wollhaare an ihre Ursprungsform erinnern und kräuseln, ist der Filz fertig. Dabei ist die Wolle rund 40% geschrumpft.

Motive

1. Filzen: Für Motive 20 x 20 cm große Filzflächen in den gewünschten Farben herstellen. Für eine Fläche werden etwa 12 bis 15 g Vlieswolle und 12 bis 15 g Kammzug benötigt. Das Auslegen des Formates wird erleichtert, wenn unter der Noppenfolie ein Stück weißes Papier im entsprechenden Format positioniert wird. Wie im Grundkurs beschrieben, die Flächen filzen. Um eine saubere, gerade Kante zu erhalten, die Noppenfolie am Rand hochklappen und sanft an der Kante entlang filzen. Alle vier Kanten in dieser Weise nacheinander arbeiten.

2. Zuschneiden: Motive nach Wunsch auswählen. Wer keine Blumen und Blätter selbst zeichnen möchte, kann beispielsweise die Originalblüte der Abbildung auf Seite 29 abpausen und die Konturen mit dem Bleistift etwas korrigieren. Die Vorlage auf Papier oder Transparentpapier übertragen und ausschneiden. Diese Motivschablonen mit Stecknadeln auf der Filzfläche feststecken und mit einer scharfen Schere die Motive ausschneiden.

3. Kanten runden: Die entstandenen, offenen Schnittkanten anschließend mit etwas Seife zwischen den Fingerkuppen rund filzen; dabei sanft und geduldig hin- und herreiben. Ist die Kante schön gerundet, die Seife ausspülen, das Objekt in Form bringen und trocknen lassen.

TIPP
Am besten mehrere Motivschablonen herstellen und diese auf der Filzfläche auslegen und feststecken: So kann das Filzstück optimal genutzt werden und der Verschnitt wird erheblich reduziert. Die nicht benötigten Blüten und Blätter eignen sich wunderbar für eine Tischdekoration oder als Geschenkanhänger.

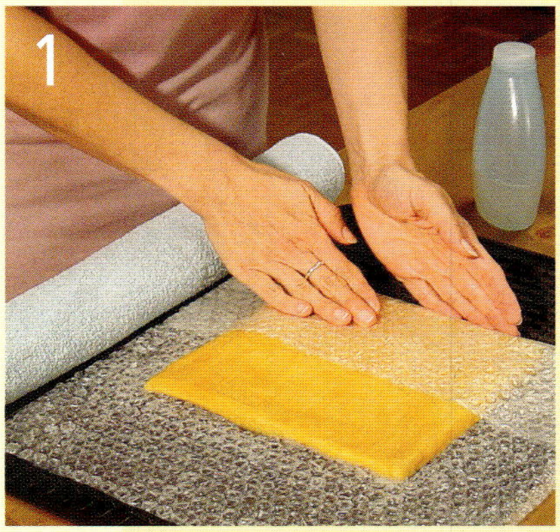

Filzen mit Schablone

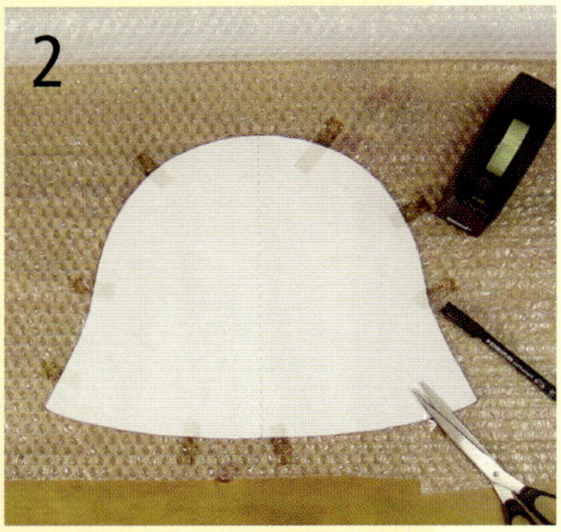

Arbeiten mit Schablone

1. Filzprobe: Da die Qualität der Wolle wie bei allen Naturprodukten immer etwas unterschiedlich ausfällt, ist es oft dienlich, ein Probestück zu filzen, wie auf Seite 12, Schritt 1, beschrieben. Den Schrumpfungsfaktor errechnen, indem die Kantenlänge des ausgelegten Vlieses durch die Kantenlänge des fertigen Filzes dividiert wird (z. B. 15 : 11 = 1,36). Bei einem Schrumpfungsfaktor von 1,36 muss die Schablone auf 136 % vergrößert angelegt werden.

2. Schablonenerstellung: Eine exakte Schablone aus Papier zuschneiden, auf die Noppenfolie legen, mit Klebefilm fixieren und mit Fineliner akkurat umranden. Die Noppenfolienschablone mit einer scharfen Schere sorgfältig ausschneiden.

3. Zupfen und legen: Den Arbeitsplatz vorbereiten, die Seifenlauge in eine Gießkanne oder einen Wäschesprenger füllen und die Folienschablone auf dem Arbeitsplatz positionieren. Mit trockenen Händen die Wolle zupfen und mit dem Legen beginnen. Um Löcher oder dünne Stellen zu vermeiden, ist es wichtig gleichmäßig zu arbeiten. Wie auf Seite 7 beschrieben, zwei Lagen Vlieswolle kreuzweise auslegen. Beim Filzen mit Schablone wird die Noppenfolienschablone rundherum eingefilzt. Dazu beim Längslegen die Fasern jeweils oben und unten, beim Querlegen links und rechts 2 bis 3 cm über die Schablone stehen lassen. Die Wolle nach dem Auslegen der zweiten Lage mit heißer Lauge besprengen, mit Folie abdecken und andrücken.

4. Anfilzen: Alles mit heißer Lauge besprengen, mit einem ausreichend großen Stück Noppenfolie bedecken (die Noppen liegen auf der Wolle) und die Fasern andrücken. Die Folie verhindert ein Ankleben der fein ausgezupften Wolle an den Händen. Damit die Hände besser gleiten, etwas Lauge auf die Noppenfolie geben. Durch sanfte Bewegungen der Hände die Wolle anfilzen.

5. Wenden: Die untere und die obere Noppenfolie mit dazwischen liegender Schablone und Wollschicht vorsichtig mit

beiden Händen fassen und wenden. Wem das zu wackelig erscheint, der sollte eine zweite Automatte auflegen und das „Mattenpaket" wenden.

6. Schablone einfilzen: Die obere Noppenfolie abnehmen und überstehende Fasern behutsam auf die Oberseite der Schablone streichen. Die Wolle für die Rückseite wie in Schritt 3 beschrieben mit entsprechendem Überstand auflegen, mit Lauge begießen und mittels Folie andrücken. Das Wollvlies erneut wenden und die überstehenden Fasern behutsam auf die Oberseite streichen. Dabei darauf achten, dass die Wolle möglichst glatt aufliegt und sich am Rand keine Falten bilden. Zwei weitere Lagen Wolle auf die Vorderseite auflegen, wenden und auf der Rückseite ebenso verfahren.
Die Bewegung beim Filzen geht vom sanften Streichen langsam in ein Kreisen über. Wichtig ist, immer vom Rand zur Mitte hin zu arbeiten. Nach und nach den Druck erhöhen, bis sich die Wolle spürbar verfestigt hat. Erkaltete Lauge mit einem Tuch aufsaugen und immer wieder heiße Lauge hinzugeben. Die umhüllte Schablone wenden. Die Kanten besonders sorgfältig filzen. Dabei mit der Noppenfolie behutsam an der Kante entlang filzen, aber immer zur Mitte hin arbeiten. Darauf achten, dass sich die Schablone nicht verschiebt. Sobald der Filz Struktur bekommt, darf fester gefilzt werden.

7. Filzen: Haben sich die Fasern weiter verfestigt, kurz ohne Folie weiterfilzen, bis der Rohling einen stabilen Eindruck macht. Jetzt ist er bereit für die Waschmaschine.

8. In der Waschmaschine: Das angefilzte Stück mit eingefilzter Schablone locker in die Maschinentrommel legen. Es wird weder Waschmittel noch Schmierseife benötigt, sondern nur mit reinem Wasser zu Ende gefilzt! Gute Erfahrungen wurden bei 40° C mit dem Waschprogramm Pflegeleicht mit Vorwäsche erzielt. Die Filzstücke sind nach etwa 20 Minuten in der Regel gefilzt. Wer sein Stück gerne noch fester oder härter möchte, erhöht einfach stufenweise Temperatur oder Filzdauer in der Waschmaschine. Natürlich können diese Angaben nur Richtwerte sein. Die Ergebnisse werden in Abhängigkeit von Wollqualität, Zeit und Temperatur immer unterschiedlicher Natur sein. Deshalb lohnt es, vor Beginn größerer Filzarbeiten ein Probestück (siehe Schritt 1) anzufertigen. Auch empfiehlt es sich, Wolle (eventuell eine Wollflocke als Muster aufkleben), Zeit, Temperatur und Ergebnis zu notieren.

9. Schablone entfernen: Unter Einwirkung von Feuchtigkeit, Wärme und Reibung haben sich die einzelnen Wollfasern zu einem festen Filz verbunden. Dabei schrumpft die Wolle um bis zu 40 %, je nach Feuchtigkeit, Wärme, Art, Heftigkeit und Dauer der Bewegung. Ein Schuss Essig im letzten Spülbad beseitigt Seifenreste. Die Filzfläche kann je nach Wollesorte im Schonschleudergang geschleudert werden. Dann das Filzstück an der entsprechenden Seite mit einer scharfen Schere langsam und sauber aufschneiden und die Schablone entfernen. Danach den Filz in Form ziehen und die Fläche eventuell noch feucht mit dem Bügeleisen glätten.

10. Oberfläche glätten: Je nach Wollqualität und je nachdem, wie gut das Filzstück angefilzt wurde, ist die Fläche (ähnlich wie nach dem Filzen von Hand auf einem Reibebrett) an der Oberfläche stark angeraut. In diesem Fall wird nach dem Bügeln und Trocknen einfach alles überschüssige Material mit der Schere oder mit einem Einwegrasierer entfernt. Zum Schluss das Filzstück erneut bügeln.

Blüten filzen

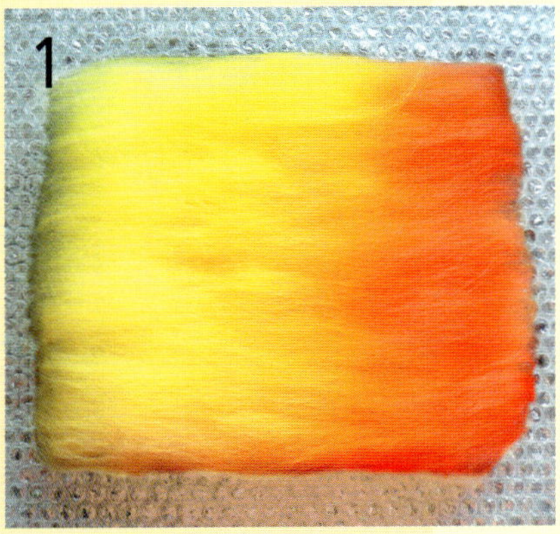

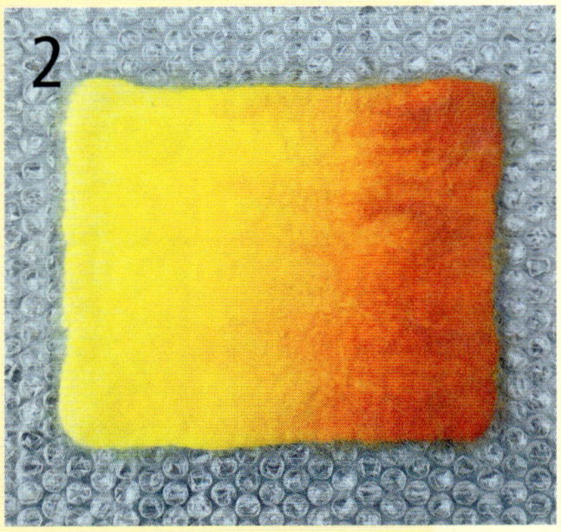

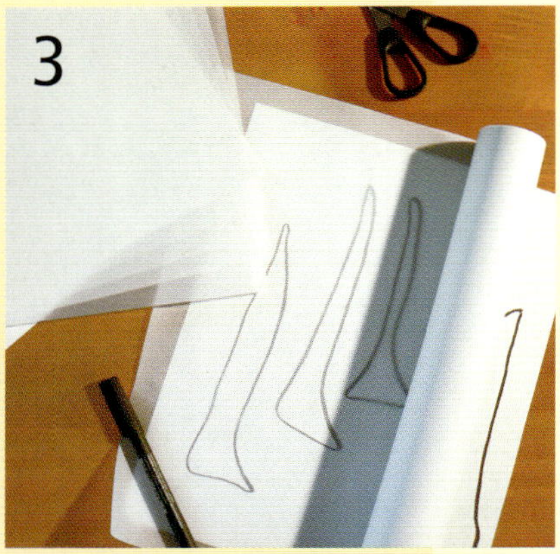

Blüten und Blätter

1. Fläche im Verlauf: Für schöne Blüten ist es wichtig, die zu filzende Fläche in harmonischen Farben anzulegen. Ein Farbverlauf von z. B. rechts nach links ist vorteilhaft. So wandeln sich die Blütenblätterfarben beim späteren Einrollen der Blüte. Aber auch ein meliertes Auslegen ist möglich und kommt häufig bei Laubblättern zum Einsatz.

2. Fläche filzen: Wie im Grundkurs auf Seite 12 beschrieben, aus insgesamt 16 g Wolle eine 24 x 18 cm große, dünne Fläche filzen.

3. Motivschablonen: Die Blütenformen in gewünschter Größe auf Transparentpapier durchzeichnen und akkurat mit einer scharfen Schere ausschneiden.

4. Rohblüten: Mit Stecknadeln die Blütenschablonen auf der trockenen, glatten, gebügelten Filzfläche befestigen und eventuell mit einem Phantomstift die Kontur umranden. Das ist sehr praktisch, weil sich die Farbe in Verbindung mit Wasser sofort rückstandslos auflöst! Die Rohblüten mit einer scharfen Schere sauber ausschneiden.

5. In der Waschmaschine: Die ausgeschnitten Rohblüten in ein Wäschenetz geben und den nächsten Waschdurchgang starten. Gute Erfahrungen wurden bei 40° C mit dem Waschprogramm Pflegeleicht mit Vorwäsche erzielt. Dabei werden die Kanten schön abgerundet. Dies kann je nach gewünschtem Ergebnis und Filzverhalten der verwendeten Wolle zwischen 20 und 40 Minuten dauern. Wer seine Blüten gerne fester möchte, erhöht einfach stufenweise die Temperatur oder die Filzdauer. Natürlich können diese Angaben nur Richtwerte sein. Die Ergebnisse werden in Abhängigkeit von Wollqualität, Zeit und Temperatur immer unterschiedlicher Natur sein. Deshalb lohnt es sich, Wolle (eventuell eine Wollflocke als Muster aufkleben), Zeit, Temperatur und Ergebnis zu notieren.

6. Blüten formen: Die Blüten können je nach Wollsorte im Schonschleudergang geschleudert werden. Abschließend in Form bringen und die Fläche eventuell noch

feucht mit dem Bügeleisen glätten. Je nach Wollqualität die Oberfläche mittels Schere oder Einwegrasierer, wie auf Seite 13 beschrieben, versäubern. Jetzt die Blütenrohlinge von hell nach dunkel oder umgekehrt einrollen, mit Stecknadeln fixieren und so trocknen lassen.

7. Meliertes Auslegen: Für schöne Laubblätter kommt das melierte Auslegen zum Einsatz. Dafür aus Wolle in verschiedenen Grüntönen eine gleichmäßige Fläche legen und laut Grundkurs auf Seite 13 eine Fläche filzen.

8. Blätterschablonen: Wie unter Punkt 3 und 4 beschrieben, mehrere Motivschablonen in Blattform anlegen und aus der melierten Filzfläche ausschneiden.

9. Blätter abrunden: Die so entstandenen, offenen Schnittkanten anschließend mit etwas Seife zwischen den Fingerkuppen rund filzen. Dabei sanft und geduldig hin- und herreiben. Ist die Kante schön gerundet, die Seife ausspülen. Das Blatt in Form bringen und so trocknen lassen.

10. Zusammennähen: Die gerollten Blütenkelche nach dem Trocknen mit farblich passendem Garn mit möglichst feinen, unsichtbaren Stichen fixieren. Ebenso verdeckt die Laubblätter befestigen.

Tipps und Tricks fürs Filzen

Je sauberer und sorgfältiger die Wolle gezupft und je regelmäßiger sie gelegt wird, desto gleichmäßiger wird der spätere Filz.

Um die Gleichmäßigkeit der gelegten Wolle zu prüfen, nach dem Aufbringen der Lauge mit der Hand die Fläche abfühlen. Eventuelle „Löcher", also dünne Stellen, mit ein bis zwei Wollflocken kreuzweise auffüllen.

Sowohl beim Filzen von Flächen als auch beim Filzen mit Schablone besonders gut mit kreisenden Bewegungen zur Mitte hin arbeiten. Sonst passiert es leicht, dass das Filzstück größer und der Filz dünner wird, als geplant.

Je exakter die Schablonenkanten geschnitten sind, desto sauberer werden die späteren Filzkanten.

Wer dickeren oder dünneren Filz wünscht, kann die Menge entsprechend anpassen.

Letztendlich spielt auch die Wollqualität eine große Rolle, die – wie bei allen Naturprodukten – immer etwas unterschiedlich ausfällt.

Empfindliche Hände sowohl vor als auch nach dem Filzen gut eincremen. Zum Filzen eignen sich Olivenseifenflocken oder Olivenschmierseife. Alternativ dünne Haushaltshandschuhe verwenden.

Entgegen einiger Empfehlungen Filzperlen nicht einfach einem Waschgang zugeben. Es kommt vor, dass die verwendete Schmierseife und das Waschpulver nicht kompatibel sind. Das bedeutet, es können sich weißliche, etwas zähe Ablagerungen auf den Filzperlen bilden, die schwierig zu entfernen sind.

Kalter Filz filzt schlecht. Beim Filzvorgang abgekühltes Seifenwasser immer wieder durch frische, heiße Lauge ersetzen. Ergänzend das Filzstück (nur bei ausreichender Festigkeit) sanft über einer Schüssel ausdrücken oder erkaltete Lauge mit einem Tuch aufsaugen.

Das Filzstück immer gut ausspülen und abschließend im Essigbad neutralisieren. Nur so ist garantiert, dass alle Seifenreste entfernt sind und sich im Lauf der Zeit am Filzstück keine Verfärbungen, Gilben oder brüchige Fasern einstellen.

Beim Filzen in der Waschmaschine nicht vergessen, regelmäßig das Fusselsieb zu säubern! Zwischen Wäschewaschen und Filzen ist es praktisch, mit dem Programm „Flusenspülen" die Fussel aus der Waschmaschine zu entfernen. Wie oft dies empfohlen wird, entnehmen Sie bitte der Betriebsanleitung Ihrer Waschmaschine.

Bunte Wollflocken verbinden sich zu einem harmonischen Ganzen

Muntere Farbtupfer

Von den Kleinen zum Spielen ebenso begehrt wie von den Großen zum üppigen Dekorieren: Hier sind der fröhlichen Fantasie keine Grenzen gesetzt! Schwelgen Sie in Ihren Lieblingsfarben. Die Bälle sind rasch gefilzt aus kuschelweicher Wolle!

Bunte Bälle

Größe des Originals
3 bis 12 cm Durchmesser
Schwierigkeitsgrad
◆

MATERIAL

- Grundmaterial (siehe Seite 7)
- Vlieswolle in Natur oder Weiß
- bunte Vlieswolle oder bunter Kammzug in Hellgelb, Sonnengelb, Orange, Rosa, Pink, Magenta und Türkis oder nach Wunsch
- Styroporkugel, Ø etwa 10 und 6 cm

SO WIRD ES GEMACHT

1. Den Arbeitsplatz wie auf Seite 7 beschrieben einrichten und die Schmierseifenlösung nach dem Grundrezept herstellen. Dazu eventuell heißes Wasser aus der Leitung verwenden. Die Schmierseifenlösung in eine Emailleschüssel füllen. Mit trockenen Händen die Wolle vorbereiten.

2. Als Anhaltspunkt dienen die verwendeten Wollmengen:
Ball in Magenta und Orange: 12 g Vlieswolle, einige Farbflocken in Magenta und Orange;
Ball in Magenta und Rosa: etwa 16 g Vlieswolle, einige Farbflocken in Magenta und Rosa;
erster Ball in Gelb mit Orange: etwa 9 g Vlieswolle, einige Farbflocken in Gelb und wenige in Orange;
zweiter Ball in Gelb mit Orange: etwa 14 g Vlieswolle, viele Farbflocken in Gelb und wenige in Orange;
Ball in Rosa mit Türkis: Styroporkugel mit 6 cm Durchmesser, 7 g Vlieswolle in Natur und Rosa, zwei Farbflocken in Türkis;
Ball in Magenta: Styroporkugel mit 6 cm Durchmesser, 7 g Vlieswolle in Natur und Magenta,
Ball in Gelb und Rosa: Styroporkugel mit 10 cm Durchmesser, etwa 9 g Vlieswolle und einige Farbflocken in Hellgelb, Sonnengelb und Rosa.

Ein Kern aus Styropor gibt die Größe vor. So gelingt es leicht und schnell, einen Ball zu filzen.

3. Für den Kern des Balls zunächst eine Wollflocke längs rollen und in der Mitte einen Knoten schlagen. Die losen Enden um den festen Kern wickeln. Diesen kleinen Ball in warme Seifenlauge tauchen. Es kann auch direkt eine Styroporkugel als Kern eingefilzt werden.

4. Wollflocke für Wollflocke kreuzweise, wie im Grundkurs auf Seite 10 beschrieben, rundum auflegen. Dabei den Ball immer drehen und nach jeder neuen Flocke in die handwarme Lauge tauchen. Die nasse Flocke sanft glatt streichen. So lange fortfahren, bis alle helle Vlieswolle für den Innenteil verbraucht ist.

5. Nun die bunten Wolllocken wieder einzeln und kreuzweise aufbringen. Jede Flocke jeweils mit einer Hand voll Lauge beträufeln und glatt streichen. In dieser Phase den Ball besser nicht mehr tauchen, weil sich das gelegte Muster sonst verformen könnte. Fortfahren, bis alle Wollflocken verbraucht sind oder die Farbkombination gefällt.

6. Den rohen Ball in die Hände nehmen und ganz sanft drücken. Dabei kreist der Ball sehr langsam und behutsam! Zwischendurch die Wolle immer wieder mit Lauge besprengen. Den Ball stets im Wechsel sanft drücken, streichen und in Form halten. Nach einiger Zeit ist spürbar, wie sich die obersten Wollflocken verbinden. Bekommt der Ball mehr Struktur, kann er in die Waschmaschine.

7. Die angefilzten Bälle werden nacheinander in einen Seidenstrumpf gesteckt. Nach jedem Ball wird der Strumpf mit Kettgarn abgebunden, dann kommt der nächste Ball. Die so verpackten Bälle in die Trommel geben. Bei 40° C im Waschprogramm Pflegeleicht mit Vorwäsche etwa 40 Minuten filzen. Wer seine Bälle gerne noch fester oder härter möchte, erhöht einfach stufenweise die Temperatur oder die Filzdauer.

8. Die Bälle aus dem Strumpf nehmen, in Essigwasser spülen und je nach Wollqualität schleudern. Abschließend jeden Ball kurz in Form rollen und trocknen lassen.

Sorgfältig von Hand bemalt wird jede einzelne Perle zu einem kleinen Kunstwerk

Geringelte Perlen

Größe des Originals
Reifumfang 45 cm
Schwierigkeitsgrad
◆◆

Orange meets Green

Ruhiges Grün, kombiniert mit spritzigem Orange auf einem goldenen Reif: Übersichtlich angeordnet, strahlt dieses Collier trotz der fröhlichen Farben Ruhe aus. Ring, Haarspange und Ohrstecker sind eine willkommene Ergänzung.

MATERIAL

- Grundmaterial (siehe Seite 7)
- Vlieswolle in Orange und Grasgrün
- Kettgarn
- Stopfnadel mit großem Öhr
- Perlenreif in Gold
- Haarspange, 6 cm lang
- Fingerring aus Plexiglas in Lindgrün, Ø nach Bedarf
- Ohrstecker in Gold
- Perlennadel
- Schere
- Nadel und Faden
- Alleskleber Kraft
- Marabu-Textilpainter in Rot und Dunkelgrün
- Zahnstocher

SO WIRD ES GEMACHT

1. Den Arbeitsplatz einrichten. Die Schmierseifenlösung nach dem Grundrezept herstellen und in eine Emailleschüssel füllen. Mit trockenen Händen die Wolle vorbereiten. Ausgangsbasis für Reif, Ohrstecker, Haarspange und Ring sind lauter kleine Bällchen: Für die Kette werden vier Perlen in Grasgrün und drei Perlen in Orange, für die Ohrstecker werden zwei Perlen in Grasgrün und für den Ring wird eine Perle in Orange, alle mit einem Durchmesser von etwa 2 cm, benötigt. Für die Haarspange werden zwei Perlen in Grasgrün und eine Perle in Orange mit einem Durchmesser von etwa 2,3 cm benötigt.
2. Um die Perlen gut formen zu können, zuerst entsprechend viele, gleichgroße Kerne herstellen. Dazu eine Wollflocke längs rollen und in der Mitte einen Knoten schlagen. Die losen Enden um den festen Kern wickeln. Diesen kleinen Ball in die warme Seifenlauge tauchen.
3. Nun Wollflocke für Wollflocke kreuzweise rundum auflegen. Die Bällchen immer drehen und weiter filzen, wie im Grundkurs auf Seite 10 beschrieben. Darauf achten, alle Perlen entsprechend gleichgroß und gleichfest zu filzen.
4. Die Perlen in einem Wäschenetz in der Maschine etwa 20 Minuten bei 40° C filzen.
5. Nach dem Schleudern alle Perlen schön glatt rollen und mit Hilfe einer dicken Stopfnadel mit großem Öhr auf Kettgarn aufziehen. Das Kettgarn mindestens doppelt, besser vierfach einziehen. Die aufgereihten Perlen in das Wäschenetz geben und zwischen 20 und 60 Minuten in der Waschmaschine filzen. Danach die Perlen aus der Maschine nehmen, glatt rollen und auf der Schnur gut durchtrocknen lassen.
6. Jede Perle auf einen Zahnstocher stecken, mit Textilmarker spiralförmig bemalen und schwebend trocknen lassen. Beim Malen langsam arbeiten und die Spirale öfter nachziehen. Wer will, kann die Farbe vorsichtig nach Anleitung etwas anbügeln.
7. Perlen auf den Reif aufreihen. Sind die gefilzten Öffnungen etwas zu groß geworden, die Perlen vorsichtig mit Kleber fixieren.
8. Für die Haarspange eine kurze grüne Schnur mit 7 cm Länge filzen und mit unsichtbaren Stichen auf den Spangenrohling nähen. Darauf die Perlen ebenso fixieren.
9. Die Perlen für Ohrstecker und Ring mit Alleskleber Kraft mittels Kontaktklebung an die Stecker bzw. auf den Plexiglasring kleben.

TIPP

Vielleicht filzen Sie den Schmuck in Ihren Lieblingsfarben? Wichtig ist nur ein guter Kontrast zwischen Filzfarbe und Bemalung, wobei der Filz die hellere Farbe, die Bemalung den dunkleren Farbton haben sollte. Nur so ist eine gute Sichtbarkeit garantiert.

Wollflocken unterschiedlicher Farben verbinden sich zu interessanten Mustern

Ostereier

Größe des Originals
Höhe 6 cm
Schwierigkeitsgrad
◆

Frohe Ostern!

In frischen Farben leuchten die Eier aus Filz, die den außergewöhnlichen Osterstrauß schmücken. Wer es nicht so bunt liebt, entscheidet sich für eine Grundfarbe. Sehr schön wirkt auch eine Schale mit vielen bunten Filz-Eiern.

MATERIAL

- Grundmaterial (siehe Seite 7)
- Vlieswolle in Gelb, Rosa, Hellblau, Grasgrün und Lila (je etwa 2 g)
- Vlieswolle oder Kammzug in Orange, Hellrot, Mittelgrün, Hellgrün, Hellrosa, Hellblau und Mittelblau (je 1-2 g)
- Seidenbänder in passenden Farben, 2 mm breit
- Styroporeier, Ø 45 mm

SO WIRD ES GEMACHT

1. Den Arbeitsplatz wie auf Seite 7 beschrieben einrichten und die Schmierseifenlösung nach dem Grundrezept herstellen. Hiefür eventuell heißes Wasser aus der Leitung verwenden. Die Schmierseifenlösung in eine Emailleschüssel füllen.
2. Mit trockenen Händen die Wolle vorbereiten. Wichtig ist hierbei, wirklich feine, dünne Wollflocken zu zupfen, damit sich die Eiform gut herausarbeiten und später erkennen lässt. Als Kern wird ein Styroporei eingefilzt.
3. In der Grundfarbe Wollflocke für Wollflocke kreuzweise, wie im Grundkurs auf Seite 7 beschrieben, rundum auflegen. Dabei das Ei immer drehen und nach jeder neuen Flocke in warme Lauge tauchen. Die nasse Wolle sanft glatt streichen. So lange fortfahren, bis alle Wolle verbraucht ist.
4. Jetzt bekommt jedes Ei seine Maserung. Dazu die bunten Wollflocken wieder einzeln und kreuzweise aufbringen. Jede Flocke jeweils mit einer Hand voll Lauge beträufeln und glatt streichen. In dieser Phase das Ei besser nicht mehr tauchen, weil sich das gelegte Muster sonst verformen könnte. Fortfahren, bis alle Wollflocken verbraucht sind oder die Farbkombination gefällt. Dabei immer auf eine gute Eiform achten.
5. Das nasse Filzei in die Hände nehmen und ganz sanft drücken. Dabei kreist das Ei sehr langsam und behutsam! Zwischendurch die Wolle immer wieder mit Lauge besprengen. Das Ei stets im Wechsel sanft drücken, sanft streichen und in Form halten. Nach einiger Zeit ist spürbar, wie sich die obersten Wollflocken verbinden. Bekommt das Ei mehr Struktur, ist es reif für die Waschmaschine.
6. Die angefilzten Eier werden jetzt nacheinander in einen Seidenstrumpf gesteckt. Nach jedem Ei wird der Strumpf mit Kettgarn abgebunden, dann kommt das nächste Ei. In dieser Weise den Strumpf befüllen, bis alle Eier versorgt sind, dann in die Maschinentrommel geben. Es wird weder Waschmittel noch Schmierseife verwendet, sondern nur mit reinem Wasser zu Ende gefilzt. Bei 40° C im Waschgang Pflegeleicht mit Vorwäsche die Eier etwa 40 Minuten filzen. Wer sie gerne noch fester oder härter möchte, erhöht einfach stufenweise die Temperatur oder die Filzdauer.
7. Die Eier aus dem Strumpf nehmen und in Essigwasser spülen. Abschließend jedes Ei kurz in Form rollen und trocknen lassen.
8. Die Eier jeweils mit einer Schlaufe aus passendem Seidenband versehen. Pro Ei werden dafür etwa 25 cm benötigt. Das Band mit feinen, möglichst unsichtbaren Stichen sorgfältig an das Ei nähen.

TIPP

Am besten direkt viele Eier anfertigen, so wird die Waschmaschine besser genutzt. Eier aus Filz sind übrigens willkommene und nicht alltägliche Mitbringsel für gute Freunde.

Bunte Filztupfen in einer Kontrastfarbe verbreiten gute Morgenlaune

Eiermützen

Ein fröhlicher Morgengruß am Frühstückstisch! Die Eiermützen sind auch als zweckfreie, sonnige Osterdekoration überall einsetzbar. Und vielleicht, aber nur vielleicht, leihen sich die Zwerge die Mützchen aus – also Vorsicht...

Eierwärmer

Größe des Originals
Höhe 20 cm
Durchmesser etwa 6–7 cm
Schwierigkeitsgrad
◆◆

MATERIAL

- Grundmaterial (siehe Seite 7)

Für die Eierwärmer in Gelb:
- ca. 14 g Vlieswolle in Natur oder Gelb
- ca. 14 g Kammzug in Gelb
- ein paar Flocken rosa Vlieswolle für die Tupfen

Für die Eierwärmer in Orange:
- ca. 14 g Vlieswolle in Natur oder Orange
- ca. 14 g Kammzug in Orange
- ein paar Flocken grüne Vlieswolle für die Tupfen

Außerdem:
- Filznadel
- Styroporkegel

SO WIRD ES GEMACHT

1. Den Arbeitsplatz vorbereiten. Die Eierwärmer werden mit Schablone gefilzt, wobei immer zwei Eierwärmer zusammen gefilzt werden: Aus Noppenfolie gemäß Vorlage die Doppelschablone zuschneiden. Mit trockenen Händen die Wolle vorbereiten.

2. Es gelingt besser, eine gleichmäßige Fläche zu arbeiten und vereinfacht die Legearbeit, wenn die Wolle für Vorder- und Rückseite, die einzelnen Filzlagen sowie nach Sorte getrennt wird. Hierfür die Wolle wiegen.

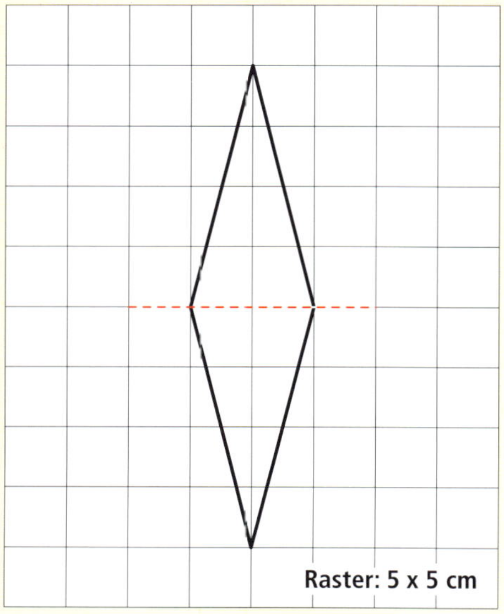

Die Doppelschablone entsprechend vergrößern und aus Noppenfolie zuschneiden.

3. Die ersten zwei Lagen aus Vlieswolle zupfen und auf die Schablone legen. Wie im Grundkurs auf Seite 14 beschrieben filzen, wenden und die Rückseite arbeiten. Erneut wenden und die zwei weiteren Lagen der Vorderseite aus Kammzug legen. Wenden und die Rückseite arbeiten. Die Schablonenkanten immer sehr sorgfältig filzen. Erkaltete Lauge ab und an mit einem Tuch aufsaugen.

4. Nach dem Verfestigen der Fasern kurz ohne Folie weiterfilzen. Macht alles einen stabilen Eindruck, ist das Filzstück für die Waschmaschine bereit.

5. Die angefilzten Rohlinge in die Maschinentrommel legen und mit Wasser zu Ende filzen. Die Filzstücke sind bei 40° C im Waschgang Pflegeleicht mit Vorwäsche nach etwa 20 Minuten in der Regel gefilzt. Um den exakten Schrumpfungsfaktor der verwendeten Wolle zu erfahren, kann vor Beginn ein Probestück (siehe Seite 14) angefertigt werden.

6. Ein Schuss Essig im letzten Spülbad beseitigt Seifenreste. Die Filzstücke können je nach Wollsorte im Schonschleudergang geschleudert werden. Dann die Eierwärmer in der Mitte mit einer scharfen Schere langsam und sauber durchschneiden und die Schablone entfernen. Abschließend die Mützchen in Form ziehen und eventuell noch feucht mit dem Bügeleisen glätten. Die Mützchen zum Trocknen mit Küchentüchern ausstopfen oder auf einem Styroporkegel trocknen. Die offenen Schnittkanten versäubern, rund filzen und erneut trocknen.

7. Ist der Filz an der Oberfläche stark angeraut, wird nach dem Bügeln und Trocknen alles überschüssige Material mit der Schere oder mit einem Einwegrasierer entfernt. Abschließend das Filzstück erneut bügeln.

8. Mit der Filznadel auf den gelben Eierwärmer rosa Tupfen arbeiten. Zuerst den Styroporkegel in die Filzmütze stecken, dann etwas rosa Vlieswolle zu einem flachen Kreis formen, auflegen und mit der Filznadel aufsticheln. Solange sticheln, bis sich die Wollflocke mit dem Filz ausreichend verbunden hat. So mehrere rosa Punkte arbeiten. Abschließend mit dem Finger etwas über die Punktefläche reiben oder kurz mit etwas Seife nass überfilzen. So werden die Einstichöffnungen fast unsichtbar. Die bunten Tupfen für den Eierwärmer in Orange nach dem gleichen Prinzip arbeiten.

Diese Blüte bleibt stets frisch! Sie wird einzeln auf die Girlande genäht

Zarte Blüten

Immerblühende Rosen ranken sich über den Tisch, verzieren Fensterbänke oder sogar Anrichten. In hellen Frühlingsfarben gefilzt, verbreiten sie sonnige Wärme. Da könnte es passieren, dass eine Biene summend nach Nektar sucht… im Blütentraum!

Rosengirlande

Größe des Originals
Länge ca. 140 cm
Schwierigkeitsgrad
◆◆

MATERIAL

- Grundmaterial (siehe Seite 7)

Für die Girlande:
- 2,10 m Kammzug in Maigrün

Für die Blüten:
- Vlieswolle in Gelb
- Kammzug in Hellgelb, Sonnengelb, Hellorange und Orange

Für die Laubblätter:
- Vlieswolle in Mittelgrün
- Kammzug in Hellgrün, Lindgrün und Moosgrün

Außerdem:
- Stecknadeln
- Perlennadel
- Nadel und Faden in passenden Farben

SO WIRD ES GEMACHT

1. Den Arbeitsplatz vorbereiten, die Schmierseifenlösung zubereiten und in den Wäschesprenger füllen. Mit trockenen Händen die Wolle vorbereiten.
2. Die Blütengirlande besteht aus mehreren Einzelteilen. Zuerst aus etwa 2,10 m grünem Kammzug eine Schnur herstellen, wie im Grundkurs auf Seite 8 beschrieben. Diese in der für die Girlande gewünschten Form trocknen lassen. Beim abgebildeten Modell wurde die Schnur zum Trocknen locker in Spiralform gelegt.
3. Die zehn Blüten und zehn Blätter werden aus gefilzten Flächen ausgeschnitten. Dafür wird die Wolle für die Blüten in einem Querverlauf von Hellgelb nach Orange ausgelegt. Die Fläche für die Blätter besteht aus verschiedenen Grüntönen, die sich zu einem organisch wirkendem Ganzen verfilzen. Für eine 24 x 18 cm große Fläche werden etwa 16 g Wolle verwendet. Es vereinfacht die Legearbeit, die Wolle für die einzelnen Filzlagen sowie nach Sorte zu trennen. So gelingt es besser, eine gleichmäßige Fläche zu arbeiten. Hierfür die Wolle wiegen.
4. Die Wolle auslegen und wie im Grundkurs auf Seite 12 beschrieben filzen. Es werden drei dünne Flächen (Seite 16) im Gelborangeverlauf sowie eine grünmelierte Fläche für die Blüten und Blätter benötigt.
5. Für die Schablonen die Blüten- und Blattformen abpausen und aus Transparentpapier mit einer scharfen Schere ausschneiden. Die Schablonen mit Stecknadeln auf der trockenen und glatten, gebügelten Filzfläche befestigen. Eventuell mit einem Phantomstift die Kontur nachziehen, dann mit einer scharfen Schere die Motivteile sauber ausschneiden.
6. Die Rohblüten wie im Grundkurs auf Seite 16 beschrieben in der Waschmaschine fertig stellen und versäubern. Nun die Blütenrohlinge von hell nach dunkel oder umgekehrt einrollen, mit Stecknadeln fixieren und trocknen lassen.
7. Als nächstes die offenen Schnittkanten der Blätter abrunden: Mit etwas Seife zwischen den Fingerkuppen rund filzen. Die Blätter in Form bringen und trocknen lassen.
8. Die gerollten Blütenkelche nach dem Trocknen mit farblich passendem Garn mit unsichtbaren Stichen fixieren. Anschließend ebenso verdeckt die Laubblätter befestigen. Jetzt die zehn Blüten-Blatt-Paare in ungefähr gleichen Abständen unauffällig auf der grünen Filzschnur befestigen. Das gelingt am Besten, indem man von unten durch die Schnur sticht. Dabei die Blüten (außen hell, innen dunkel und umgekehrt) immer abwechseln. Abschließend alles in Form zupfen.

Die Girlande besteht aus lauter gefilzten Einzelteilen. In feiner Näharbeit werden sie zu gekonnten Blüten.

TIPP

Für die Blüten den farbigen Querverlauf sowohl auf der Vorderseite als auch auf der Rückseite in etwa gleich arbeiten. So entstehen farblich besonders harmonische Blüten.

Eine hellgelbe Filzperle ist das Zentrum der Blüte. Sie wird aufgenäht

Sommerwiese

Flowerpower pur: Das fröhliche Bild bringt Licht in jeden Raum und lädt zur Betrachtung ein. Blumen, Blätter und Stängel werden einzeln gefilzt und anschließend auf den Hintergrund genäht. Eine Mühe, die garantiert lohnt - und Spaß macht!

Blumenbild

Größe des Originals
24 x 32 cm
Schwierigkeitsgrad
◆◆

MATERIAL

- Grundmaterial (siehe Seite 7)

Für den Bildhintergrund:
- 40 g Vlieswolle in Natur oder Weiß
- je ca. 12 g Kammzug in Himmelblau und Grün
- etwas Kammzug in Weiß und Hellblau sowie in unterschiedlichen Güntönen

Für die Blüten:
- je ca. 16 g Vlieswolle in Orange, Gelb, Pink, Dunkelorange und Magenta
- etwas Vlieswolle in Gelb für die kleinen Bällchen

Für die Blumenstängel:
- 3 Stück Kammzug in Maigrün, 35 cm lang
- je 2 Stück Kammzug in hellem Maigrün und Gelbgrün, jeweils 30 cm lang

Für die Blätter:
etwa16 g Vlieswolle in Grüntönen

Außerdem:
- Nadel und Faden in passenden Farben
- scharfe Schere
- Stecknadeln
- 2 Bilderaufhänger

SO WIRD ES GEMACHT

1. Den Arbeitsplatz vorbereiten, die Schmierseifenlösung zubereiten und in den Wäschesprenger füllen. Mit trockenen Händen die Wolle vorbereiten.

2. Das Vlies für den Bildfond in zwei Haufen à 20 g für die erste und zweite Lage teilen. Flocken aus weißer oder naturfarbener Vlieswolle zupfen und kreuzweise auf ein Format von 32 x 42 cm auslegen. Darauf kreuzweise im oberen Bildbereich den Kammzug für den Himmel und im unteren Drittel den grünen Kammzug für die Wiese auslegen. Im Himmel einige Flocken in Weiß und Hellblau aufbringen. Im unteren Teil mit einzelnen, verschieden grünen Kammzugsträhnchen eine Wiese arrangieren.

Die offenen Kanten mit etwas Schmierseife zwischen den Fingerkuppen rund filzen.

3. Das Bild wie im Grundkurs auf Seite 12 beschrieben fertig filzen.

4. Wie im Grundkurs auf Seite 16 beschrieben, je eine 24 x 18 cm große Fläche in Orange, Gelb, Pink, Dunkelorange und Magenta für die Blüten sowie in Grünmeliert für die Blätter filzen.

5. Die Vorlagen abpausen und Motivschablonen aus Transparentpapier für den Blüten- und Blätterzuschnitt in gewünschter Größe herstellen und ausschneiden.

6. Die Schablonen mit Stecknadeln auf der trockenen und glatten, gebügelten Filzfläche in der entsprechenden Farbe befestigen. Eventuell mit einem Phantomstift die Kontur umranden. Mit einer scharfen Schere die Blüten und Blätter sauber ausschneiden.

7. Die entstandenen, offenen Schnittkanten mit etwas Seife zwischen den Fingerkuppen rund filzen. Dabei sanft und geduldig hin- und herreiben. Ist die Kante schön gerundet, die Seife ausspülen, die Blüten und Blätter in Form bringen und trocknen lassen.

8. Aus den grünen Kammzugstücken laut Grundkurs kurze Schnüre als Stängel filzen. Diese werden für das Bild in Stücke geteilt.

9. Aus gelber Vlieswolle einige kleine Bällchen als Blütenmittelpunkte arbeiten.

10. Aus den vielen fertigen Einzelteilen eine schöne Komposition laut Foto erstellen und mit Stecknadeln auf dem Bildfond befestigen. Nun mit möglichst unsichtbaren, feinen Stichen von der Rückseite her alle Einzelteile festnähen. Gut eignet sich dafür eine lange Perlennadel, weil sie sehr gut durch den Filz sticht. Allerdings muss das Garn wegen des kleinen Öhrs sehr fein sein.

11. Die Bilderaufhänger mit ein paar Stichen in passendem Garn an der Rückseite des Filzbildes festnähen.

TIPP

Zum Aufbewahren Filzsachen in Zeitungspapier einwickeln. Das hält einige Schädlinge recht zuverlässig fern.

Harmonische Farben werden an einem Stück im Verlauf gefilzt

Sitzkissenspirale

Größe des Originals
Durchmesser etwa 35 cm
Schwierigkeitsgrad
◆◆

Die Skizze zeigt, wie das Verbinden der einzelnen Kammzüge vor sich geht.

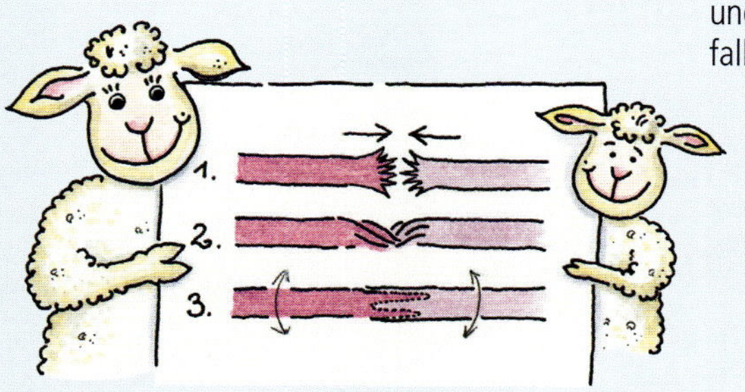

Farbharmonie in Grün-Blau

Die Spirale, Sinnbild der Unendlichkeit, lädt ein zum Platznehmen und sich ganz weit weg träumen! Die Farben erinnern an das Meer und den Himmel, weiche Wolle tut ein Übriges: Auf diesem Sitzkissen werden Sie sich ganz schnell wohl fühlen.

MATERIAL

- Grundmaterial (siehe Seite 7)
- 10,5 m Kammzug insgesamt, davon je 1,5 m in Hellem Wassergrün, Mittlerem Wassergrün, Hellem Blaugrün, Dunklem Blaugrün, Türkisgrün, Preußisch Blau und Kornblumenblau
- Nadel und Garn in passenden Farben

SO WIRD ES GEMACHT

1. Den Arbeitsplatz vorbereiten, die Schmierseifenlösung herstellen und den Wäschesprenger mit der Seifenlauge befüllen. Mit trockenen Händen die ausgewählten Kammzüge auf eine Länge von 1,5 m bringen. Bei der Farbauswahl darauf achten, dass die Farben gut harmonieren und es keine zu großen Farbsprünge gibt. Bei sieben Farben ergibt sich also eine Schnur mit einer Gesamtlänge von 10,5 Metern im trockenen Zustand. Die Kammzüge nun einzeln trocken vorrollen.
2. Die Besonderheit bei dieser Verlaufsschnur besteht darin, dass alle Kammzüge aneinandergefilzt werden. Dies geschieht zuerst an den Übergängen. Dazu für die Verbindungsstellen jeweils das Ende eines Kammzuges etwas auseinander fächern (1), dann die Fasern des nächsten Kammzugendes damit verzwirbeln (2) und rollen (3). Den nächsten Kammzug auf die gleiche Weise anschließen.
3. Sind alle Kammzüge miteinander verbunden, diese Schnur trocken in Form rollen. Anschließend zuerst die Übergänge nass machen und vorfilzen, bis sie verbunden sind. Dann den Kammzug portionsweise mit Seifenlauge aus dem Wäschesprenger befeuchten. Den feuchten bis nassen Wollstrang mit beiden Händen behutsam und sanft hin- und herrollen, dabei Stück für Stück vorgehen. Es ist noch kein Druck vorhanden. Die äußeren Wollfasern verbinden sich langsam. Weitere, warme Lauge aufbringen und geduldig weiterrollen. Nach und nach den Druck erhöhen. Die lange, bunte Schnur fertig stellen, wie im Grundkurs auf Seite 8 beschrieben.
4. Die angefilzte Schnur locker in die Waschmaschinentrommel legen. Es wird weder Waschmittel noch Schmierseife zugegeben, sondern mit reinem Wasser zu Ende gefilzt. Bei 40° C im Waschgang Pflegeleicht mit Vorwäsche die Schnur etwa 20 Minuten filzen. Wer seine Schnüre gerne noch fester oder härter möchte, erhöht einfach stufenweise die Temperatur oder die Filzdauer in der Waschmaschine. Natürlich können diese Angaben nur Richtwerte sein. Die Ergebnisse werden in Abhängigkeit von Wollqualität, Zeit und Temperatur immer unterschiedlicher Natur sein.
5. Ein Schuss Essig im letzten Spülbad beseitigt Seifenreste. Die Schnur kann problemlos geschleudert werden. Danach wird sie nochmals glatt gerollt. Abschließend in die eingerollte Spiralform bringen, mit einigen Stecknadeln fixieren und so trocknen lassen.
6. Mit farblich passendem Garn die Filzschnur jetzt stabil zusammennähen. Dabei möglichst verdeckt arbeiten. Darauf achten, dass zumindest eine schöne Seite entsteht. Die weniger schöne mit sichtbaren Stichen kann zur Stuhlseite hin aufliegen.

TIPP

Kurze einfarbige Schnurstücke, zusammengerollt und -genäht, ergeben praktische und ausgefallene Glasuntersetzer!

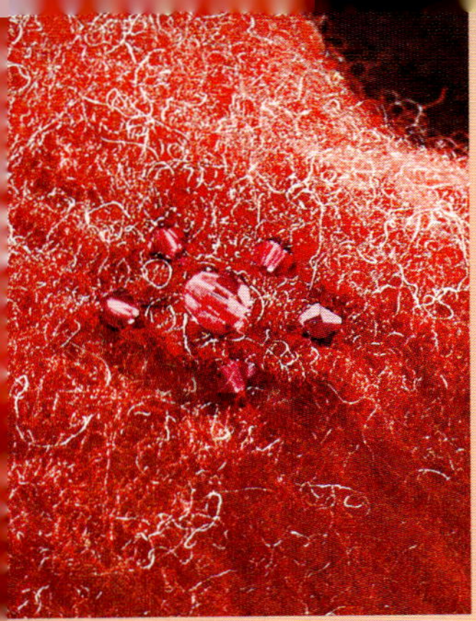

Auf Rot kommen die Swarovski-Perlen besonders gut zur Geltung

Herzen im Dreierpack

Weich, warm und mit glitzernden, echten Swarovski-Perlen verziert: Das Täschchen mit passendem Schlüsselanhänger ist ein wunderschönes Geschenk für liebe Menschen. Oder ein außergewöhnlicher Begleiter für Sie.

Täschchen und Anhänger

Größe des Originals
Täschchen 16 x 14 cm
Schlüsselanhänger 7 cm
Schwierigkeitsgrad
◆◆◆

Herzanhänger für Zipper 1:1

Die Schablonen werden aus Noppenfolie gearbeitet. Hierfür die Vorlagen rechts entsprechend vergrößern.

MATERIAL

- Grundmaterial (siehe Seite 7)
- 30 g Vlieswolle in Rot
- 30 g Kammzug in Rot
- Swarovski-Rundschliffperle in Rosé, Ø 6 mm
- Swarovski-Doppelkegel in Fuchsia, Ø 4 mm
- Nähgarn in Rot
- Nadel
- Schere
- Reißverschluss, etwa 12 cm lang
- Schlüsselring, Ø etwa 25 mm

SO WIRD ES GEMACHT

1. Den Arbeitsplatz vorbereiten. Das Herztäschchen und der Schlüsselanhänger werden mit Schablone gefilzt. Aus Noppenfolie gemäß Vorlage die Schablone zuschneiden. Hierfür die Vorlage entsprechend vergrößern. Mit trockenen Händen die Wolle vorbereiten.
2. Es ist einfacher, eine gleichmäßige Fläche zu arbeiten, wenn die Wolle für Rück- und Vorderseite und die einzelnen Filzlagen sowie nach Sorte getrennt wird. Hierfür die Wolle wiegen. Für das Täschchen werden etwa 25 g Vlieswolle und 25 g Kammzug, für den Anhänger 5 g Vlieswolle und 5 g Kammzug benötigt.
3. Die ersten zwei Lagen aus Vlieswolle zupfen und auf die Schablone legen, dabei wie im Grundkurs auf Seite 14 beschrieben vorgehen. Wenden, die Rückseite arbeiten, erneut wenden und anschließend laut Grundkurs mit Kammzug weiterarbeiten. Erkaltete Lauge ab und zu mit einem Tuch aufsaugen.
4. Nach dem Verfestigen der Fasern kurz ohne Folie weiterfilzen, bis alles einen stabilen Eindruck macht.
5. Die angefilzten Rohlinge in die Maschinentrommel legen und nur mit Wasser zu Ende filzen. Die Filzstücke sind bei 40° C im Waschgang Pflegeleicht mit Vorwäsche nach etwa 20 Minuten in der Regel gefilzt. Um den exakten Schrumpfungsfaktor zu ermitteln, kann ein Probestück (siehe Seite 14) angefertigt werden.
6. Ein Schuss Essig im letzten Spülbad beseitigt Seifenreste. Die Filzstücke können je nach Wollsorte im Schonschleudergang geschleudert werden. Dann das Täschchenherz an der Seite mit einer scharfen Schere langsam und sauber aufschneiden. Beim Anhänger ist nur ein kleiner Schnitt (seitlich auf der geplanten Rückseite) erforderlich, um die Schablone zu entfernen. Abschließend die Herzen in Form ziehen, eventuell noch feucht mit dem Bügeleisen glätten und dann zum Trocknen mit Küchentüchern ausstopfen.
7. Ist der Filz an der Oberfläche stark angeraut, nach dem Trocknen überschüssiges Material mit der Schere oder mit einem Einwegrasierer entfernen und die Filzstücke erneut bügeln.
8. Beim Täschchen die offenen Schnittkanten rund filzen. Nach dem Trocknen die Größe der Öffnung ausmessen und einen passenden Reißverschluss mit möglichst feinen, unsichtbaren Stichen einnähen. Eine kleine Filzfläche in Rot laut Grundkurs auf Seite 12 arbeiten, eine Herzform ausschneiden und die Kanten rund filzen. Aus einer dünnen Kammzugsträhne eine 30 cm lange, etwa 2 mm dicke Schnur filzen. Das Herzchen mit wenigen Stichen an der Schnur festnähen und an den Zipper knoten.
9. Den Anhänger mit Vlieswolle stramm ausstopfen und die Öffnung mit unsichtbaren Stichen verschließen. Aus etwa 1/3 Kammzugsträhne eine 30 cm lange, etwa 4 mm dicke Schnur filzen, das Herz an dieser festnähen und mit einer Schlaufe am Schlüsselring befestigen.
10. Die Herzen laut Abbildung mit den Swarovski-Perlen verzieren. Gut eignet sich hierfür eine Perlennadel, die ganz leicht durch den Filz sticht. Allerdings muss der verwendete Faden entsprechend dünn sein.

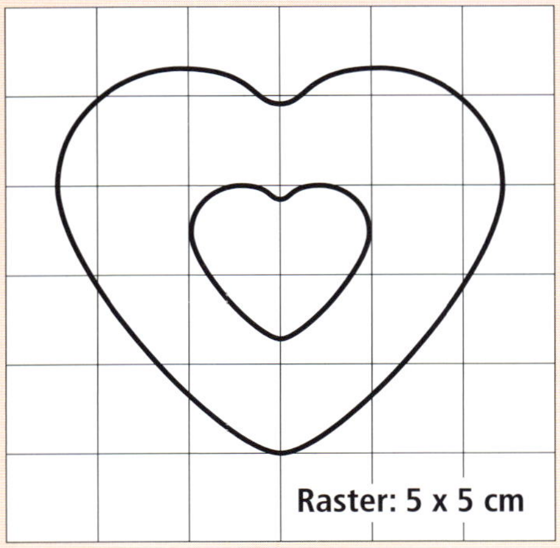

Weiche, rosa Filzperlen kontrastieren mit Würfeln aus Halbedelsteinen

Perlenschmuck

Größe des Originals
Kette 59 cm
Armband 22 cm
Schwierigkeitsgrad
◆◆

Filzperle trifft Würfel

Filz – weich, warm und rund, kombiniert mit Stein – kühl und glatt. Ein durchaus reizvoller Kontrast, der seine harmonische Wirkung durch die Pastelltöne der Perlen erhält. Fertigen Sie das Schmuckset in Ihren Lieblingsfarben.

MATERIAL

- Grundmaterial (siehe Seite 7)
- Vlieswolle in Natur oder Weiß
- Kammzug oder Vlieswolle in Magenta, Rosa und Hellrosé
- Amethyst-Würfel, 4 mm
- Granat-Würfel, 4 mm
- Rosenquarz-Würfel, 4 mm
- Magic-Stretchgummi, transparent
- Fingerring aus Plexiglas in Rosa chiffon, Ø nach Bedarf
- Kettgarn
- Stopfnadel mit großem Öhr
- Kettenverschluss
- Perlenseide, etwa 85 cm
- Perlennadel
- Nadel und Faden
- Alleskleber Kraft

SO WIRD ES GEMACHT

1. Den Arbeitsplatz einrichten. Die Schmierseifenlösung nach dem Grundrezept herstellen und in eine Emailleschüssel füllen. Mit trockenen Händen die Wolle vorbereiten. Für die Kette mit etwa 20 cm Durchmesser werden vier Perlen in Magenta, drei Perlen in Rosa und drei Perlen in Hellrosé mit einem Durchmesser von etwa 2,5 cm sowie je zwei Perlen in Magenta, Rosa und Hellrosé mit einem Durchmesser von etwa 2 cm benötigt. Für das Armband mit etwa 7 cm Durchmesser werden zwei Perlen in Magenta, drei Perlen in Rosa und drei Perlen in Hellrosé mit einem Durchmesser von etwa 2 cm benötigt. Für den Ring wird eine Perle in Magenta mit einem Durchmesser von etwa 2,3 cm benötigt.

Die Perlen werden auf Kettgarn aufgezogen. So werden die Löcher gleich mit eingefilzt.

2. Um die Perlen gut formen zu können, zuerst entsprechend viele, gleichgroße Kerne aus Vlieswolle in Natur oder Weiß herstellen. Dazu eine Wollflocke längs rollen und in der Mitte einen Knoten schlagen. Die losen Enden um den Kern wickeln. Diesen kleinen Ball in die warme Seifenlauge tauchen.
3. Wollflocke für Wollflocke kreuzweise, wie im Grundkurs Seite 10 beschrieben, rundum auflegen. Dabei den Ball immer drehen und nach jeder neuen Flocke in die handwarme Lauge tauchen. Die nasse Flocke sanft glatt streichen. Danach die farbigen Wollflocken aufbringen. Jede Flocke jeweils mit einer Hand voll Lauge beträufeln und glatt streichen.
4. Weiter anfilzen, wie im Grundkurs auf Seite 10 beschrieben. Darauf achten, alle Perlen entsprechend gleichgroß und gleichfest zu filzen.
5. Die kleine Bälle in einem Wäschenetz in der Maschine etwa 20 Minuten bei 40° C filzen. Sie sollten nicht zu hart sein.
6. Die Perlen nach dem Schleudern schön glatt rollen. Mit Hilfe einer dicken Stopfnadel mit großem Öhr alle Perlen auf Kettgarn aufziehen.
7. Nun die aufgereihten Perlen in ein Wäschenetz geben, den nächsten Waschdurchgang starten und die Perlen zwischen 20 Minuten und einer Stunde filzen. Perlen aus der Maschine nehmen, abschließend rollen und auf der Schnur trocknen lassen.
8. Mit Hilfe einer dünnen Perlennadel die Filzperlen und Halbedelsteinwürfel für die Halskette laut Abbildung auf Perlenseide aufreihen, dabei an beiden Enden jeweils mit drei kleinen Perlen und einem Würfel abschließen. Den Verschluss anbringen.
9. Für das Armband die Perlen laut Foto auf den Stretchgummi auffädeln. Hier muss bei den Filzperlen mit einer dickeren Nadel gearbeitet werden. Die Steinwürfel werden ohne Nadel aufgereiht. Den vorgegebenen Umfang mit dem Handgelenk abgleichen und das Armband mit einem Knoten verschließen.
10. Einen Granatwürfel mit möglichst unsichtbaren Stichen für den Ring auf die Filzperle nähen. Die so verzierte Perle mit Alleskleber Kraft mittels Kontaktklebung am Plexiglasring fixieren.

Die Perlen auf der Blüte wirken wie frische Tautropfen am Morgen

Tasche mit Blüte

Größe des Originals
27 x 28 cm
Schwierigkeitsgrad
◆◆◆

Romanze in Rosa

Wie mit Aquarellfarbe und Pinsel locker aufgemalt wirken die zarten Farbflocken in hellen und dunklen Rosétönen und verbinden sich zu einem romantischen Ganzen – ein Taschenmodell, das sich leicht an verschiedenste Kleidungsstile anpasst.

MATERIAL

- Grundmaterial (siehe Seite 7)
- 40 g Vlieswolle in Natur oder Weiß
- ca. 40 g Kammzug in Hellrosé, Rosa und Pink, gemischt
- etwa16 g Vlieswolle in Grüntönen (Blätter)
- etwa16 g Vlieswolle in Rosa (Blüte)
- 200 cm Kammzug in Pink (Schnur)
- Nadel und Faden
- Perlen in Regenbogenrosa und Perlmutt, Ø 2 mm
- 50 cm Gummilitze in Rosa
- Ösenwerkzeug, Ø 3 mm
- je 2 Ösen in Grün und Rosa, Ø 3 mm
- Hammer

SO WIRD ES GEMACHT

1. Die Schablone laut Vorlage aus Noppenfolie fertigen. Den Arbeitsplatz vorbereiten und die Seifenlauge herstellen.
2. Das Vlies in vier Haufen à 10 g teilen: Jeweils ein Haufen Vlies für die erste und zweite Lage der Vorderseite sowie für die erste und zweite Lage der Rückseite. Ebenso den Kammzug in vier Haufen (gemischt aus Hellrosé, Rosa und Pink) à 10 g für die dritte und vierte Lage der Vorderseite und die dritte und vierte Lage der Rückseite teilen.
3. Aus Vlieswolle die erste und zweite Lage der Vorder- und Rückseite mit Überstand laut Grundkurs auf Seite 14 arbeiten. Dann laut Grundkurs die dritte und vierte Lage der Vorderseite aus Kammzug in Rosa- und Pinktönen arbeiten, dabei die Farben ineinander fließen lassen, wenden und die Rückseite ebenso arbeiten.
4. Die Farbübergänge von Vorder- und Rückseite einander anpassen. Sehr sorgfältig die Schablonenkanten filzen und überschüssige Lauge zwischendurch mit einem Tuch aufsaugen.
5. Solange arbeiten, bis sich alles gut verbunden hat und einen stabilen Eindruck macht, dann in der Waschmaschine bei 40° C laut Grundkurs fertig filzen.
6. Die Oberkante sauber aufschneiden und die Schablone entfernen. Die Tasche in Essigwasser spülen, in Form ziehen und trocknen lassen. Anschließend die Schnittkanten versäubern und rund filzen. Ist der Filz stark angeraut, nach dem Trocknen überschüssiges Material abnehmen (siehe Seite 15).
7. Eine Schnur in Pink laut Grundkurs herstellen. Eine Blüte und zwei Blätter laut Grundkurs auf Seite 16/17 aus einer 24 x 18 cm großen Fläche arbeiten.
8. Die Blätter mit je einer grünen Öse versehen (Produktanleitung beachten). Mit unsichtbaren Stichen die Blüte an der Tasche befestigen. Ebenso seitlich die Schnur anbringen.
9. An der Taschenrückseite in der Mitte oben zwei rosa Ösen anbringen. Gummilitze durch diese Ösen ziehen, die Blätter auffädeln und die Gummilitze mit einem innen liegenden Knoten verschließen. Abschließend die Blüte und die Blätter mit Perlen verzieren. Zum Schließen der Tasche die Gummilitze über die Blüte ziehen und die Blätter arrangieren.

Kammzug in verschiedenen Rosatönen für die dritte und vierte Lage ebenfalls kreuzweise auflegen.

Die Vorlage für die Schablone entsprechend vergrößern.

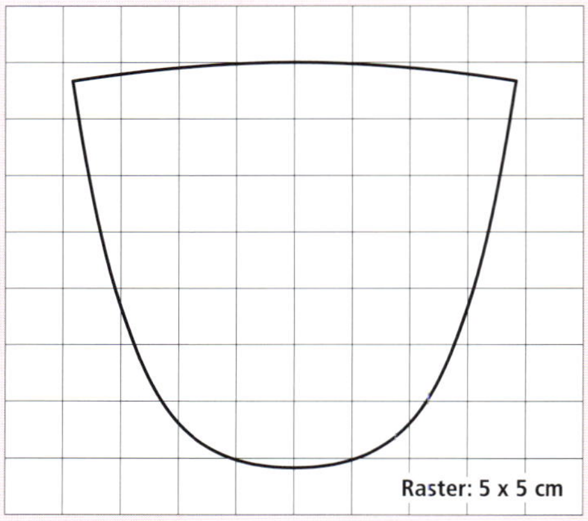

Warme Töne verschmelzen zu einem harmonischen Farbbild

Hyazinthenhüte

Ob auf der Fensterbank, der Kommode oder auf dem Tisch: Die wollig weichen Hütchen sind eine ideale Dekoration und strahlen Wärme und Ruhe aus. Im Eingangsbereich winken sie Ihren Gäste mit einen fröhlichen Gruß zu.

Dekomützen

Größe des Originals
12 x 30 cm
Schwierigkeitsgrad
◆◆

MATERIAL

- Grundmaterial (siehe Seite 7)

Für die Dekomütze rechts:
- ca. 14 g Kammzug in Gelb, Orange und Pink

Für die Dekomütze in der Mitte:
- ca. 14 g Kammzug in Rosa, Lachs und Pink

Für die Dekomütze links:
- ca. 14 g Kammzug in Hummer und Lachs

Außerdem:
- je Mütze ca. 14 g Vlieswolle in Natur
- Styroporkegel
- Perlen, Ø 2 mm
- Nadel und Faden

SO WIRD ES GEMACHT

1. Den Arbeitsplatz vorbereiten, die Schmierseifenlauge herstellen und in den Wäschesprenger füllen. Die Mützen werden mit Schablone gefilzt. Dazu aus Noppenfolie gemäß Vorlage die Schablone zuschneiden. Mit trockenen Händen die Wolle vorbereiten.
2. Die Wolle wiegen. Es vereinfacht die Legearbeit, die Wolle für Rück- und Vorderseite, die einzelnen Filzlagen sowie nach Sorte zu trennen. So gelingt es besser, eine gleichmäßige Fläche zu arbeiten.
3. Die ersten zwei Lagen aus Vlieswolle zupfen und auf die Schablone legen. Weiter wie im Grundkurs auf Seite 14 vorgehen. Wenden, die Rückseite arbeiten, erneut wenden und die zwei weiteren Lagen der Vorderseite aus Kammzug legen. Wenden und die Rückseite ebenso arbeiten. Die Schablonenkanten sehr sorgfältig filzen. Erkaltete Lauge ab und zu mit einem Tuch aufsaugen.

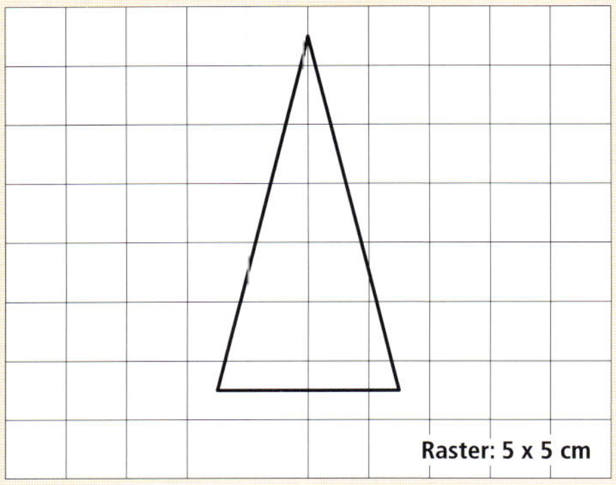

Die Schablone entsprechend vergrößern und aus Noppenfolie zuschneiden.

4. Nach einem Verfestigen der Fasern kurz ohne Folie weiterfilzen. Wenn alles einen stabilen Eindruck macht, ist das Filzstück für die Waschmaschine bereit.
5. Die angefilzten Rohlinge in die Maschinentrommel legen und mit Wasser zu Ende filzen. Die Filzstücke sind bei 40° C im Waschgang Pflegeleicht mit Vorwäsche nach etwa 20 Minuten in der Regel gefilzt. Um den exakten Schrumpfungsfaktor der verwendeten Wolle zu erfahren, kann vor Beginn ein Probestück (siehe Seite 14) angefertigt werden.
6. Ein Schuss Essig im letzten Spülbad beseitigt Seifenreste. Die Filzstücke können je nach Wollsorte im Schonschleudergang geschleudert werden. Danach die Mützen mit einer scharfen Schere an der Unterseite langsam und sauber aufschneiden und die Schablone entfernen. Abschließend die Mützchen in Form ziehen und eventuell noch feucht mit dem Bügeleisen glätten. Zum Trocknen die Mützchen mit Küchentüchern ausstopfen oder auf einem Styroporkegel trocknen. Die Spitzen dabei nach Geschmack eindrehen und mit einer Stecknadel fixieren. Später die offenen Schnittkanten versäubern, rund filzen und erneut trocknen.
7. Ist der Filz an der Oberfläche stark angeraut, wird nach dem Bügeln und Trocknen einfach alles überschüssige Material mit der Schere oder mit einem Einwegrasierer entfernt. Abschließend den Filz mit dem Bügeleisen glätten. Zur Formstabilisierung die Mützchen zum Auskühlen auf den Styroporkegel setzen.
8. Die Hyazinthenhüte nach Geschmack oder laut Foto mit Perlen verzieren. Diese mit Hilfe einer Perlennadel mit unsichtbaren Stichen aufnähen.

TIPP

Die Hyazinthe eignet sich für Wasserkultur: Hierfür die Zwiebel auf ein spezielles Hyazinthenglas setzen. Dieses bis 0,5 cm unter dem Zwiebelboden mit Wasser füllen. Die Hyazinthenzwiebel mit dem gefilzten Hut bedecken und zuerst etwas kühl stellen, dann bei Zimmertemperatur an einem hellen Platz treiben lassen. Die Triebe schieben nun stückweise den Hut nach oben. Welche Farbe die Blüte wohl hat?

Eine quadratische Glasperle als Blickfang entspricht der klaren Form am besten

Sportlich im Quadrat

Diese geometrische Grundform spricht für Klarheit. Die Farbpalette in kühlem Blau unterstreicht diese sachliche Erscheinung. Einzig das Material setzt Kontraste: Warm und haptisch sinnlich. Darin liegt der Reiz dieser schlichten Tasche.

Blaue Tasche

Größe des Originals
25 x 25 cm
Schwierigkeitsgrad
◆◆◆

MATERIAL

- Grundmaterial (siehe Seite 7)
- 110 g Vlieswolle in Natur
- 110 g Kammzug in dunklem Stahlblau
- je etwa16 g Vlieswolle in Mittelblau und Hellblau (Quadrate)
- 210 cm Kammzug in Dunkelblau (Schnur)
- eine quadratische Perle oder ein Knopf
- Rocailles in changierendem Blau
- Druckknopf
- Nadel und Faden

SO WIRD ES GEMACHT

1. Eine Schablone aus Noppenfolie im Format 45 x 33 cm, wie auf Seite 14 beschrieben, anfertigen. Den Arbeitsplatz vorbereiten, die Schmierseifenlösung herstellen und in den Wäschesprenger füllen.
2. Mit Hilfe einer Waage das Vlies in vier Haufen à 22,5 g für die erste und zweite Lage der Vorderseite sowie für die erste und zweite Lage der Rückseite teilen. Ebenso den Kammzug in vier Haufen à 22,5 g für die dritte und vierte Lage der Vorderseite sowie die dritte und vierte Lage der Rückseite teilen.
3. Die Tasche filzen, wie im Grundkurs auf Seite 14 beschreiben. Für die ersten beiden Lagen der Vorder- und Rückseite jeweils helle Vlieswolle benutzen. Die dritte und vierte Lage der Vorder- und Rückseite jeweils mit Kammzug arbeiten.
4. Die Schablonenkanten sehr sorgfältig filzen und überschüssige Lauge zwischendurch mit einem Tuch aufsaugen. Solange arbeiten, bis sich alles gut verbunden hat und einen stabilen Eindruck macht, dann wie im Grundkurs auf Seite 14 beschrieben in der Waschmaschine bei 40° C im Waschgang Pflegeleicht mit Vorwäsche 20 Minuten filzen.
5. Die Tasche mit einer scharfen Schere an einer Schmalkante sauber aufschneiden, die Schablone entfernen (1) und das Filzstück in Essigwasser ausspülen. Gut in Form ziehen und nach dem Schnittmuster die Lasche zuschneiden. Hierfür die Seiten bis zu einer Taschenhöhe von ca. 25 cm einschneiden und am Vorderteil den Überstand abschneiden (2), so dass eine Lasche entsteht (3,4). Die Tasche sofort glatt dämpfen und trocknen. Die Schnittkanten bei Bedarf versäubern und nach Geschmack rund filzen oder als optischen Kontrast so belassen.
6. Ist der Filz stark angeraut, überschüssiges Material abnehmen (siehe Seite 15).
7. Aus dunkelblauem Kammzug eine Schnur laut Grundkurs auf Seite 8 herstellen.
8. Je eine 24 x 18 cm große Fläche in Hellblau und Mittelblau laut Grundkurs auf Seite 12 filzen. Aus der hellblauen Fläche ein 11 x 11 cm großes Quadrat, aus der mittelblauen Fläche ein 7 x 7 cm großes Quadrat, aus dem übrig gebliebenen, dunkelblauen Filzrest des Vorderteils ein 3,5 x 3,5 cm großes Quadrat mit einer scharfen Schere ausschneiden. Die entstandenen, offenen Schnittkanten sehr bedacht mit etwas Seife zwischen den Fingerkuppen rund filzen. Nur wenig reiben und die quadratische Form halten. Abschließend in die endgültige Form bringen und trocknen lassen.
9. Die Schnur mit unsichtbaren Stichen an der Tasche seitlich befestigen.
10. An der Lascheninnenseite der Tasche einen Druckknopf als Verschluss annähen. Die Filzquadrate mittig und möglichst unsichtbar aufeinander nähen. Jetzt diese in sich schon fixierten Filzquadrate möglichst stabil auf der Laschenoberseite verdeckt festnähen.
11. Abschließend die Filzquadrate mit einer Glasperle, die restliche Tasche mit wenigen Rocailles verzieren.

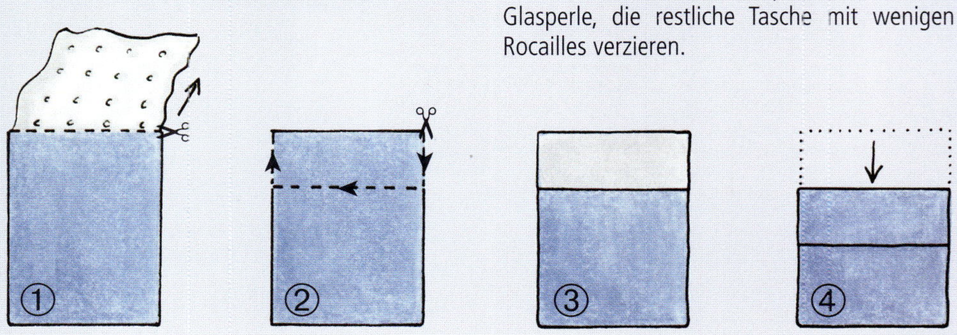

Die Abbildung verdeutlicht, wie das Filzstück für die Lasche eingeschnitten wird.

Farbharmonie im Ethno-Look vermitteln diese Schnurperlen

Deko in Rottönen

Größe des Originals
Untersetzer Ø ca. 10 cm
Topfschmuck ca. 30 cm lang
Schwierigkeitsgrad
◆

Die vorgefilzten Perlen auf Kettgarn ziehen, um die Öffnungen gleich mit einzufilzen.

Im Ethno-Look

Mit einfachen Mitteln ist aus den ursprünglichen Filzschnüren im Nu eine praktische Dekoration gearbeitet. Der mehrfarbige Mix ist auch in anderen Kombinationen reizvoll. Lassen Sie Ihre Fantasie und Inspiration spielen!

MATERIAL

- Grundmaterial (siehe Seite 7)
- je ca. 1,7 m Kammzug in Rosa, Orange und Karmin
- Magic-Stretchgummi in Transparent
- Kettgarn, Stopfnadel
- Nadel und Faden
- scharfe Schere

SO WIRD ES GEMACHT

1. Die Schnüre wie im Grundkurs auf Seite 10 beschrieben herstellen und in der Waschmaschine etwa 20 Minuten filzen. Dabei nicht zu hart werden lassen! Ansonsten lassen sich die Perlen später nur mit viel Kraft aufziehen.
Es werden Schnüre in den Farben Rosa, Orange und Karmin mit je einer Länge von 120 cm benötigt. Die Schnüre nach dem Schleudern (das ist praktischer, weil es nicht so tropft!) schön glatt rollen. Danach mit einer scharfen Schere, mit glattem Schnitt, in unterschiedlich lange Stücke schneiden. Die orangefarbenen Perlen sind etwa 5 cm und 2 cm lang, die rosafarbenen Perlen sind 2,5 cm und 2 cm lang, die karminroten Perlen sind etwa 4 cm lang.
2. Die Rohperlen nun mit Hilfe einer dicken Nadel (Stopfnadel mit großem Öhr) auf Kettgarn oder eine ähnliche Schnur aufziehen. Das Kettgarn dabei möglichst doppelt nehmen. Beim nächsten Waschgang filzen so die späteren Löcher zum Auffädeln ein.

3. Die aufgezogenen Perlen in ein Wäschenetz geben und den nächsten Waschdurchgang starten. Nun werden die Kanten schön abgerundet. Das kann – ganz nach gewünschtem Ergebnis und Filzverhalten der verwendeten Wolle – zwischen 20 Minuten und einer Stunde dauern. Die Schnurperlen aus der Maschine nehmen, abschließend rollen und formen und auf der Schnur trocknen lassen.
4. Für den Topfschmuck die Schnurperlen wie abgebildet auf Magic-Stretch auffädeln. Da der Stretch eine gewisse Dicke hat, ist dazu eine Nadel mit größerer Öffnung empfehlenswert. Die Länge des Magic Stetches richtet sich nach dem Topfumfang. Den Magic-Stretch mit einem Knoten verschließen. Die rautenförmig aufgefädelten Schnurstücke noch von der Rückseite mit passendem Faden fixieren.
5. Für die Untersetzer die Schnurperlen wie abgebildet auffädeln. Dabei zuerst aus einer 5 cm langen orangefarbenen, zwei 4 cm langen karminroten sowie zwei 2,5 cm langen rosafarbenen Perlen eine Art Filzraute bilden. Diese mit möglichst unsichtbaren Stichen fixieren. Aus je drei solcher Filzrauten nun mit je einer kurzen, 2 cm langen orangefarbenen Zwischenperle, wie auf dem Foto abgebildet, einen Untersetzer arbeiten. Alles von der Rückseite oder verdeckt (so sind beide Untersetzerseiten verwendbar) mit passendem Faden fixieren.

TIPP

Nach dem gleichen Prinzip lassen sich ebenso im Nu zauberhafte Ketten, Ohrringe und Armbänder keieren. Ideal für schnelle Geschenke – oder einfach zum Selberbehalten.

Die orientalische Wirkung entsteht durch die Farbgebung und üppige Verzierung

Weihnachten „oriental"

Prächtig glänzen die einst so bescheidenen Filzstücke. Die verschwenderisch mit Gold und Glanz, mit Glimmer und Gefunkel, mit Perlen und Steinen reich verzierten Motive funkeln im Kerzenlicht um die Wette – und versprühen orientalischen Flair.

Weihnachtsschmuck

Größe der Originale
Zapfen 13 cm lang
Mond 6 cm hoch
Herz 7 cm breit
Stern 7,5 cm
Kugeln 6 cm
Schwierigkeitsgrad
◆

MATERIAL

- Grundmaterial (siehe Seite 7)

Für die Monde:
- etwa16 g Vlieswolle in Orangetönen

Für den Stern:
- etwa16 g Vlieswolle in Sonnengelb

Für das Herz:
- etwa16 g Vlieswolle in Rottönen

Für den roten Zapfen:
- etwa 30 cm Kammzug in Rot, Orange und Pink

Für den grünen Zapfen:
- etwa 30 cm Kammzug in Sonnengelb, Zinnober und Maigrün

Für die Weihnachtskugeln:
- Styroporkugeln, Ø etwa 6 cm
- je etwa16 g Vlieswolle in Rottönen

Außerdem:
- pro Modell 25 cm dünne Kordel in Rot, Chianti und Maigrün
- Marabu-Fun Liner Glitter in Rotgold
- Pailletten in Gold
- Perlen in Rot, Gold und Maigrün
- verschiedene, große Schmucksteine und Perlen in Stern-, Zapfen- und Herzform
- Schmuckkappen

SO WIRD ES GEMACHT

1. Den Arbeitsplatz vorbereiten, die Schmierseifenlösung zubereiten und in den Wäschesprenger füllen. Mit trockenen Händen die Wolle vorbereiten.

2. Für die Monde eine Fläche aus Vlieswolle in Orangetönen, für den Stern eine Fläche in Sonnengelb und für das Herz eine Fläche in Rottönen filzen. Die Flächen sind jeweils 24 x 18 cm groß und werden wie Grundkurs auf Seite 12 beschreiben, gefilzt. Wie auf Seite 13 beschrieben, Motive ausschneiden und die Kanten (ganz nach Geschmack) rund filzen.

3. Für die Zapfen die verschiedenfarbigen Kammzüge längs halbieren. Ein Zapfen besteht aus drei halben Kammzügen. Diese halben Kammzüge erneut längs halbieren. Nun die einzelnen Kammzugsträhnen bunt arrangiert zusammenlegen und den so neu entstandenen, längs gesteiften Kammzugstrang (1) bauchig in der Mitte zusammenklappen (2). Nach diesem Prinzip je einen Zapfen in Gelb-Zinnoberrot-Grün und in Rot-Orange-Pink legen.

4. Den bauchigen Kammzug besonders sanft anfilzen, die Form stabilisieren und dann wie im Grundkurs auf Seite 8 beschrieben weiterarbeiten

5. Aus den Styroporkugeln und der roten Vlieswolle Weihnachtskugeln arbeiten, wie im Grundkurs auf Seite 10 beschrieben.

6. Alle Filzmodelle gut durchtrocknen lassen. Dann alle Stücke üppig laut Foto mit den Perlen, Fun Liner Glitter, Pailletten, Schmucksteinen und Perlen verzieren. Den Fun Liner Glitter nach Packungsaufschrift verwenden und etwa sechs Stunden trocknen lassen. Die Perlen und Pailletten am besten mit Hilfe einer Perlennadel und feinem Garn mit möglichst unsichtbaren Stichen aufnähen. Ebenso die farblich passend ausgewählten Kordelaufhänger anbringen. Die Zapfen werden an ihrer Oberseite noch mit je einer Schmuckkappe verziert.

TIPP

Zum „Übersommern" der Filzsachen am besten in Zeitungspapier wickeln. Das schreckt einige Schädlinge recht zuverlässig ab. Neemöl oder Arvenöl hält ökologisch völlig unbedenklich die Motten fern.

Der neu kreierte, längs gesteifte Kammzugstrang (1) wird bauchig in der Mitte zusammengeklappt (2).

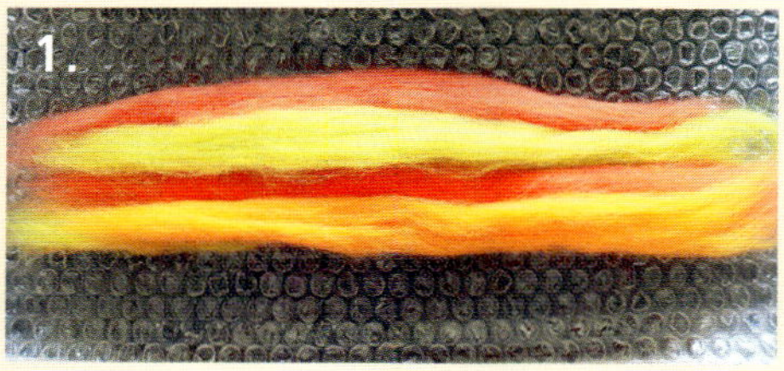

Impressum

Entwürfe, Realisation und Schäfchen-Illustration:
Henriette Katharina Foldenauer

Lektorat:
de facto : Karola Kimmerle

Redaktion:
Anke Sturm

Fotos:
Inge Ofenstein, München (S. 19, 21, 23, 25, 27, 29, 31, 33, 35, 37, 39, 41, 43, 45);
Oswald Visuelle Medien, Schwörstadt (Cover);
Dieter Prell, Augsburg (S. 6–17, Arbeits- und Detailfotos unten auf den Seiten 18, 26, 28, 34, 36,42);
Henriette Katharina Foldenauer (S. 8/3–4, 9/3, 11/2, 12/5, 16/1–3 u. 5–8, Detailfoto S. 44 oben)

Styling:
Heike Mayer, München (S. 19, 21, 23, 25, 27, 29, 31, 33, 35, 37, 39, 41, 43, 45);
Oswald Visuelle Medien, Schwörstadt (Cover);
Henriette Foldenauer (S. 6–17, Arbeits- und Detailfotos unten auf den Seiten 18, 26, 28, 34, 36,42,44)

Waschmaschinen-Illustrationen:
Stefan Hagen

Umschlaggestaltung:
Dirk Beestermöller

Satz:
John Design, Friedberg

Reproduktion:
Baun PrePress, Fellbach

Druck und Bindung:
Printer Portuguesa, Mem Martins, Portugal

ISBN 3-89858-799-1
ISBN 978-3-89858-799-0
(gültig ab 1.1.2007)

Autorin und Verlag haben die größtmögliche Sorgfalt walten lassen, um sicherzustellen, dass alle Angaben und Anleitungen korrekt sind, können jedoch im Falle unrichtiger Angaben keinerlei Haftung für eventuelle Folgen, direkte oder indirekte, übernehmen. Die gezeigten Materialien sind zeitlich unverbindlich. Der Verlag übernimmt für Verfügbarkeit und Lieferbarkeit keine Gewähr und keine Haftung.

Farbe und Helligkeit der in diesem Buch gezeigten Stoffe, Materialien und Modelle können von den jeweiligen Originalen abweichen. Die bildliche Darstellung ist nicht verbindlich. Der Verlag übernimmt keine Gewähr und keine Haftung.

Herstellerverzeichnis

- Marabuwerke GmbH & Co. KG
  Asperger Straße 4 · 71732 Tamm
  www.marabu-kreativ.de
- KnorrPrandell GmbH,
  www.bastelideen.com
- Rayher Hobby GmbH,
  www.rayher-hobby.de
- UHU GmbH & Co. KG,
  www.uhu.com